大師風采影像集

宗绪盛／编著

敬求斋藏
《梅兰芳的舞台艺术》老照片集

梅兰芳，近代杰出的京昆旦行演员，"四大名旦"之首，同时也享有国际盛誉的表演艺术大师，在50余年的舞台生活中创造了众多优美的艺术形象，发展和提高了旦角的演唱和表演艺术，并形成一个具有独特风格的艺术流派，世称"梅派"，被推为世界三大表演体系之一。在西方人的眼中，"梅兰芳"就是京剧的代名词，"梅兰芳"完美表演艺术记录了中国京剧一个值得骄傲的时代。

人民出版社

组　　稿：沈水荣

统　　筹：侯俊智　侯　春

责任编辑：侯　春

装帧设计：肖　辉　孙文君

图书在版编目（CIP）数据

大师风采　影像留真——敏求斋藏《梅兰芳的舞台艺术》老照片集 /

宗绪盛 编著 . —北京：人民出版社，2016.6

ISBN 978 - 7 - 01 - 016104 - 4

I. ①大… II. ①宗… III. ①梅兰芳（1894～1961）- 生平事迹 - 画册

IV. ① K825.78 - 64

中国版本图书馆 CIP 数据核字（2016）第 080149 号

大师风采　影像留真

DASHI FENGCAI　YINGXIANG LIUZHEN

——敏求斋藏《梅兰芳的舞台艺术》老照片集

宗绪盛　编著

人民出版社 出版发行

（100706　北京市东城区隆福寺街 99 号）

北京雅昌艺术印刷有限公司印刷　新华书店经销

2016 年 6 月第 1 版　2016 年 6 月北京第 1 次印刷

开本：710 毫米 ×1000 毫米 1/16

印张：22　字数：245 千字

ISBN 978 - 7 - 01 - 016104 - 4　定价：60.00 元

邮购地址 100706　北京市东城区隆福寺街 99 号

人民东方图书销售中心　电话（010）65250042　65289539

周公梅吴三聯璧

驚鴻一瞥六十年

榮獲六十年前周總理命长子吳祖光先生拍攝《梅蘭芳舞臺藝術》電影劇照資料二百餘幀、

乙未年中秋惠訪廣主吳歡並記於北京昌平王府花園

吴祖光之子吴欢为本书题词："周公梅吴三联璧，惊鸿一瞥六十年"。

序

与绪盛兄相识有年，知其闲暇之余，喜欢收集"老纸片子"，包括老旧书刊、老地图、老照片、文献资料等等，涉及重大事件、重要人物、重要社会现象变迁的这类东西，尤其喜欢搜寻，几十年下来，所收颇丰。记得早在 2008 年北京奥运会期间，我就听他说起，他收有一套 1955 年为纪念梅兰芳先生舞台生活 50 年，先父吴祖光先生当年导演彩色戏曲纪录片《梅兰芳的舞台艺术》时的老照片。听到这一信息，我当时就感到一种震动，急于一睹为快。但鬼使神差，今天已经说不清是什么原因了，一晃直到 2015 年冬天，绪盛兄撰写完成《大师风采影像留真——敏求斋藏〈梅兰芳的舞台艺术〉老照片集》一书，我才见到"梦寐已久"的这套老照片。

这套老照片真是个"好东西"。它多达 260 余幅，包括了父亲吴祖光所拍影片《梅兰芳的舞台艺术》中，涉及的梅兰芳先生从 11 岁到 61 岁 50 年间的生活照、艺术照 40 余幅，梅兰芳先生代表剧目《断桥》、《宇宙锋》、《霸王别姬》、《洛神》、《贵妃醉酒》5 出戏的剧照 160 余幅，父亲吴祖光与梅兰芳先生等人拍摄影片《梅兰芳的舞台艺术》时的工作照 60 余幅。它们不仅完整、系统地记录和展现了梅兰芳先生 50 年的舞台艺术及其生平、生活，也完整地再现了父亲吴祖光拍摄影片《梅兰芳的舞台艺术》的情景、过程。这时看到梅兰芳先生以及先父吴祖光、先母新凤霞和好友梅葆玖先生等一干老熟悉的身影时，我已不仅是震动，亦有一种感慨和亲切。

父亲吴祖光一生导演过大量的戏曲、话剧、电影等。《梅兰芳的舞台艺术》这部影片是他所拍摄的第一部彩色戏曲纪录片，饱含着父亲吴祖光的心血和情感，也饱含着与梅家人的友情，在他作为导演的历史上，有着特殊的意义。父亲吴祖光在其所撰《一辈子——吴祖光回忆录》中，也曾专门以《与大师共事的日子》为题，回忆了拍摄影片《梅兰芳的舞台艺术》以及与梅兰芳先生合作 3 年的情形，深感这部影片的拍摄对他自己既是任务也是荣誉。记得曾听父亲吴祖光说过：这部电影的拍摄，是他和先母新凤霞最为敬重的周恩来总理亲自批准的、中央文化部纪念梅兰芳先生舞台生活 50 年系列活动的一项内容。父亲吴祖光这个导演的"圈定"，也是周总理批准的。在《梅兰芳的舞台艺术》拍摄完成后，周总理调看了这部影片。在不久后一次包括我父母在内的宴请中，周总理谈到了这部影片的拍摄，给予了父亲吴祖光很高的评价和鼓励，并与父亲吴祖光、先母新凤霞合影留念。这幅合影至今仍挂在我家中显著的位置。

光阴荏苒，岁月如梭，一晃已是 60 年过去了。那时，我只有 2 岁，于今已过花甲之年。所以，当第一次看到梅兰芳先生 61 岁达到其艺术巅峰时所拍摄的这些"大师风采"，第一次看到风华正茂、年富力强的父亲吴祖光及生我不久的母亲新凤霞在其中的"影像留真"，联想到他们的艺术成就以及之后经历过的风风雨雨，进而联想到敬爱的周总理长期对梅、吴两家

20世纪50年代，周恩来（前排左）与吴祖光（前排右一）等人在一起。

的厚爱与关怀，我便挥笔题写了"获观六十年前周总理命先父吴祖光先生拍摄《梅兰芳舞台艺术》电影剧照资料二百余帧 周公梅吴三联璧，惊鸿一瞥六十年"送与绪盛兄，以表达对先人的怀念和敬意。

2017年是先父吴祖光先生诞辰100周年，将会有一系列的纪念活动。而在影片《梅兰芳的舞台艺术》公映60周年、梅兰芳先生逝世55周年之际的2016年，人民出版社就出版了绪盛兄编著的《大师风采 影像留真——敏求斋藏〈梅兰芳的舞台艺术〉老照片集》一书，作为对我父亲吴祖光先生"百年"的纪念，令我充满感激和谢意。亦可见美好的艺术，永远生生不息；真正的艺术"大家"，永远在"大家伙儿"的心中。这里也要感谢绪盛兄，从地摊儿上"捡"回了这些"大师风采"并编著成书；更要感谢当年拍摄、整理这些照片的人们，使老照片中的梅兰芳先生和先父吴祖光先生等所有为艺术作出过贡献的人们"影像留真"，人们同样应永远地记住他们。是为序。

吴欢

时值 2016 年全国"两会"之际

目　录
CONTENTS

　　1955年，为了纪念刚过60寿辰的戏剧泰斗梅兰芳舞台生活50年，文化部、中国文联、中国剧协联合举行了纪念会，并在苏联专家帮助下，由著名文化学者和导演吴祖光导演了彩色舞台艺术纪录片《梅兰芳的舞台艺术》，记录下梅兰芳50年的艺术生涯，留下了这位戏剧大师永恒的风采，亦成为中国彩色戏剧影片的经典载入史册。遗憾与庆幸的是，当年完整记录这一文化盛事的一册268幅老照片集在流落潘家园地摊儿后，于60年后的今天重见天日，便有了本书与其一同问世的机缘。

　　记述了梅兰芳自8岁开始学戏，11岁在北京广和楼第一次登台演出昆腔《长生殿·鹊桥密誓》的织女，到17岁脱离喜连成班、组织双庆班，进入主要演员的行列，开始了长达50多年的戏曲人生之路。

记述了梅兰芳出身戏剧世家，在其父、著名的旦角梅竹芬，伯父、著名的二胡琴师梅雨田和开蒙老师吴菱仙，以及乔蕙兰、茹莱卿、陈德霖、钱金福、李寿山、王凤卿等良师益友的教诲、指导、合作下，从艺成名所经历的最初生活情景及历程。

展现了梅兰芳扮演《春香闹学》之春香、《虹霓关》之东方氏、《雁门关》之青莲公主、《天女散花》之天女、《生死恨》之韩玉娘、《木兰从军》之花木兰、《黛玉葬花》之林黛玉、《思凡》之尼姑、《抗金兵》之梁红玉 9 个角色的艺术形象和风采，记述了梅兰芳从 19 岁至 42 岁的 20 多年间，创演新戏所经历的发展过程，以及最终形成梅派、达到鼎盛时期所走过的艺术道路。

分别记述了抗战时期梅兰芳拒绝与日伪合作、蓄须明志的爱国主义情怀和民族气节，梅兰芳与齐白石、汪霭士、陈半丁等著名书画家学画往来，以及与著名武术家高瑞周习武练掌等掌握"戏外功"的情形，梅兰芳与著名戏剧家斯坦尼斯拉夫斯基、表演艺术家卓别林等国外艺术家的交往和友谊，以及梅兰芳为中国京剧艺术在世界上的传播所作出的巨大贡献，为梅兰芳 50 多年的舞台艺术增添了另样的华美篇章。

记述了 1955 年 4 月 11 日在北京天桥剧场举行梅兰芳、周信芳舞台生活 50 年纪念会时，梅兰芳、周信芳受到人们夹道欢迎，中国戏剧家协会常务理事阳翰笙主持纪念会并致开幕词，文化部部长沈雁冰、文化部副部长夏衍、中国戏剧家协会主席田汉等领导出席，梅兰芳、周信芳致辞和接受各界鲜花、献礼的盛况，以及梅兰芳在家中与青年演员畅谈现实主义表演方法的情形。梅兰芳怀抱鲜花，满脸灿烂的笑容，被永远定格在舞台生活 50 年获取最高荣誉的欣喜时刻。

《断桥》、《宇宙锋》、《霸王别姬》、《洛神》、《贵妃醉酒》5 出剧目，是梅兰芳一生演出过的几百出戏中最有代表性、最为经典的巅峰之作。162 幅剧照，最为形象地将梅派艺术和老年梅兰芳的风采留在中国戏曲史上与人们的心中。

29 幅老照片，展现和记述了梅兰芳对于《断桥》这一传统剧目，经过对白娘子这个角色几十年的深入体会，运用精湛的艺术技巧，塑造了人民喜爱的白娘子的形象，使之成为舞台艺术一篇佳作的画面。这个美丽动人的故事和美好情感以及梅兰芳的精彩表演，都浓缩在 29 幅黑白影像的方寸之间。而梅家九子之中唯一的梅派继承人梅葆玖，饰演青儿，与其父同台，以及饰演许仙的著名戏剧家俞振飞与梅兰芳"搭戏"，既留下百年梨园不可多得的经典画面，亦留下不可重现的历史永恒。

40 幅老照片，展现了《宇宙锋》这出为梅兰芳开蒙老师吴菱仙所教，经过不断的修改和提炼，成为梅兰芳最喜爱、最常演的两部戏之一（另一部是《贵妃醉酒》），也是梅兰芳下功夫最深，从年轻到老年经常演出的最有代表性的剧目之一，记述了梅兰芳运用梅派旦角的艺术技巧，在角色的眼神、表情、唱腔、身段、手势等方面的设计和运用上，恰到好处地把握住了奸相赵高之女赵女装疯戏弄高官、金殿之上嘲讽皇帝的反抗精神，获得观众的共鸣和喜爱，从而成为梅派艺术的杰作载入史册。同时，亦使人们一睹与梅兰芳多年合作，饰演赵高的著名戏剧家、梅兰芳剧团的当家花脸刘连荣，饰演哑奴的著名京剧旦角演员张蝶芬，以及饰演秦二世、与梅兰芳合作 46 年之久，并参与了梅派几乎全部新戏的著名京剧表演艺术家姜妙香的艺术风采，及其书写的梨园佳话。

38 幅老照片，记述了 1921 年梅兰芳组织崇林社，与杨小楼合作编写《霸王别姬》剧本，齐如山执笔，吴震修删，创作并练习舞剑；1922 年 2 月 15 日，在北京第一舞台崇林社夜戏，第一次上演由梅兰芳饰演虞姬、杨小楼饰演霸王、王凤卿饰演韩信的新版《霸王别姬》，使之成为梅派又一经典名剧的历史。38 幅剧照中，已年过花甲的梅兰芳扮演的头戴如意冠、身穿鱼鳞甲、外罩明黄色绣花斗篷的虞姬，依然是那样雍容华贵、举止端庄、气质典雅、楚楚动人；其载歌载舞，特别是其中 6 幅技艺娴熟程度不减当年的剑舞剧照，更是展现出虞姬的纯情与风采，使虞姬的艺术形象达到了精美绝伦的境界，给人留下不可磨灭的印象。

32 幅老照片，记述了《洛神》是梅兰芳年仅 29 岁时，一年之中所创演的包括《西施》、《廉锦枫》在内的 3 出新戏之一，也是梅兰芳根据三国曹魏时期著名文学家曹植的《洛神赋》编演，并开始创编新腔，在伴奏乐器中增加二胡后首次演出的经典名剧之一；展现了梅兰芳所饰演的洛神超凡脱俗，无论唱腔还是舞蹈，既演活了洛神的娇媚，也演活了她的冷艳，既演活了她的"若有情"，也演活了她的"似无情"，达到了"欲笑还颦，最断人肠"的境界，体现出千古名篇《洛神赋》所形容的洛神那种"翩若惊鸿，婉若游龙"的意态，充满了浓厚的浪漫主义色彩，因而成为继梅兰芳编演的《天女散花》、《黛玉葬花》之后，又一个具有划时代意义的作品。同样，自从梅兰芳开始排演这出戏起，就扮演曹植这个角色的姜妙香，其精湛的演技、对于角色内心哀怨和挚诚爱情的表达都非常动人。这些都在 32 幅剧照中作了真切的表达。

23 幅老照片，记述了梅兰芳自 1914 年向路三宝学习这出戏后，在继承过去名演员优秀成果的基础上，删掉了表演中不健康的部分，于 50 多年的舞台实践中，将传统的表演技术做到了简练精确，运用了现实主义的表演方法，丰富了人物的思想感情，塑造了优美的人物形象，使《贵妃醉酒》这出传统歌舞剧的表演达到新的高峰。载歌载舞的"定格"中，已到耳顺之年的梅兰芳再次展示了杨贵妃那种期盼、失望、孤独、怨恨的复杂心情，使"醉中见美"与"美中见醉"兼而有之，使杨贵妃这样一位"怨妇"，成为人们心中一个"优美的人物形象"而长存于黑白影像之中。剧照中，由出身梨园世家、被誉为丑戏万派之源的丑行宗师、卓越的戏曲教育家萧长华扮演的高力士，以及由姜妙香扮演的裴力士的"出彩"，亦令人忍俊不禁。

　　喜欢这些老照片，喜欢梅兰芳，喜欢中国京剧艺术，继承梅派艺术精神，把国粹京剧发扬光大，是这些尘封 60 年的老照片所要表达的，也是笔者披露这些老照片和编著此书的初衷与美好愿望。

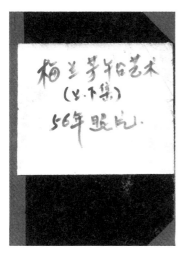

笔者所藏《梅兰芳的舞台艺术》老照片集封面。

笔者所藏1927年4月发行、唐世昌等人编辑的《梅兰芳》摄影集封面。

前　言

——荏苒尘封60载，今朝披露话当年

　　1955年，在中国戏剧史和戏剧电影摄制史上，有三件与京剧大师、戏剧泰斗梅兰芳有关的事情，必然要载入史册。第一件是：这一年的4月11日，文化部、中国文联和中国戏剧家协会在北京天桥剧场，联合隆重举办了著名戏剧家梅兰芳、周信芳舞台生活50年纪念大会；第二件是：同年4月12日至17日连续6天，文化部、中国文联和中国戏剧家协会在北京天桥剧场，联合主办梅兰芳、周信芳舞台生活50年纪念演出；第三件是：著名导演吴祖光导演的彩色舞台艺术纪录片《梅兰芳的舞台艺术》，由北京电影制片厂在当年年底摄制完成。这三件文化界的大事，其实也就是一件，即都是为了纪念梅兰芳从事舞台艺术50年而为。这三件事，都早已散见于当时以及今天的大量文字和影视作品之中，却鲜见于以影像记录历史永恒瞬间的老照片之中。特别是记录吴祖光拍摄电影《梅兰芳的舞台艺术》的前后过程，以及这部电影中所反映的梅兰芳代表性剧目舞台艺术形象的影像，从没有完整而系统地披露过，这不能不说是一种遗憾。而笔者有幸收藏到一套反映吴祖光拍摄

笔者所藏 1943 年至 1944 年间由剑影编译国剧研究社发行的刘天华遗著《梅兰芳歌曲谱》初、二、三、四集封面。

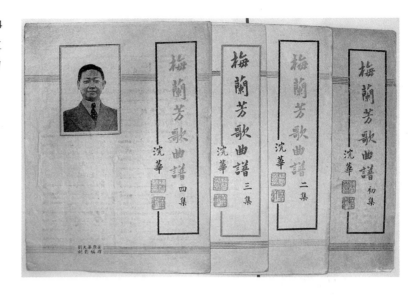

笔者所藏 1933 年 11 月发行、齐如山口述、其女齐香记录而成的《梅兰芳游美记》一书封面。

这部电影以及梅兰芳舞台艺术的老照片。

在过去的几十年中，笔者热衷于民国书刊、文献史料等各类"纸片子"的收藏，对有关梅兰芳的"带字儿"、"带画儿"、"带声儿"（唱片）的"老东西"，同样喜爱有加、倍加关注，陆陆续续就收到一些当年看似"废品"，今天看来却颇具史料价值的"好东西"。

如民国十六年（1927）4 月，由唐世昌、严独鹤、任矜平等人编辑，梅兰芳专集经理处总发行所发行的名为《梅兰芳》的摄影集。该摄影集，共计有"梅兰芳及其家属摄影"10 幅，记录了梅兰芳和家人以及梅兰芳东渡日本时的影像，并有名人墨客赞扬梅兰芳艺术的诗文；还有"梅兰芳化妆摄影"37 幅，包括了《太真外传》(9 幅)、《天河配》(2 幅)、《西施》(2 幅)、《洛神》(4 幅)、《廉锦枫》(6 幅)、《霸王别姬》(2 幅)、《黛玉葬花》(4 幅)、《嫦娥奔月》(1 幅)、《穆柯寨》(1 幅)、《木兰从军》(1 幅)、《晴雯撕扇（即千金一笑)》(1 幅)、《上元夫人》(2 幅)、《樊江关》(1 幅)、《麻姑献寿》(1 幅) 等当年梅兰芳所演 14 出主

刘半农为《梅兰芳歌曲谱》所作长篇序言，论述了中国戏剧及梅兰芳京剧艺术的特点及成就。

要剧目的艺术形象，以及一众名人的题诗和梅兰芳出访日本及在华接待日本友人、所作书画作品的"写真"9幅；另有梅兰芳所作《花杂谈》一文，及上述照片涉及的剧本"节录"的文字等等。总计收录梅兰芳的照片 56 幅。这一版本的《梅兰芳》影集，在当年可算是大型的"梅兰芳艺术影像传"了，其售价为大洋 2 元。

再如，民国二十二年（1933）11 月 1 日，由著名戏剧理论家齐如山口述、其女儿齐香笔记而成的《梅兰芳游美记》一书，以"出国以前的筹备"（15 章）、"到美国后的布置和情景"（7 章）、"各界的提倡欢迎"（上、下 10 章）共 4 卷的篇幅，详尽记载了梅兰芳一行于 1930 年访美演出，轰动纽约、芝加哥、旧金山、洛杉矶以及全美国，取得巨大成功的全过程，同样为后人留下了珍贵的历史记忆。

又如，1930 年为配合梅兰芳赴美游历、演出作更好的宣传，由梅兰芳本人及著名文学家、语言学家、教育家，新文化运动的倡导者之一刘半农和齐如山、刘天华等 7 人作序，由梅兰芳亲说唱腔，齐如山编列剧词，梅兰芳的琴师徐兰园、笛师马宝明口述琴谱和曲谱，最终由刘半农的二弟、著名作曲家刘天华"拟用近代音符，制为五线谱，使世界人士，按谱寻声，以得悦耳之乐"，为《贵妃醉酒》、《天女散花》、《西施》、《洛神》等 10 余出戏谱曲而编辑的《梅兰芳歌曲谱》，更是为梅兰芳赴美演出大添光彩，亦为梅兰芳舞台艺术的完善与传播，留下难得的珍贵史料。而刘半农所作长篇序言，也留下了对中国戏剧及梅兰芳舞台艺术的真知灼见。

非常荣幸的是，注重收藏民国史料的笔者，在 2002 年 12 月 1 日的北京潘家园地摊儿上，"破例"花了近千元，买下 1955 年吴祖光导演戏曲纪录片《梅兰芳的舞台艺术》（上、下集）和《洛神》时所整理汇集的，包括梅兰芳生平生活、主要剧目剧照和拍摄工作情景的老照片集这件"新东西"。当时还觉得买得很贵，甚至有些后悔。后来经过反复翻阅老照片集查找，各种资料以及向戏剧、摄影专家请教，方知这实实在在是个"好东西"。正如中国戏曲学院戏曲研究所所长、研究梅兰芳及其舞台艺术的著名专家傅谨所言，世上反映梅兰芳舞台艺术的老照片不少，但大多是观众、记者当年观看演出时所拍，非常零散。像这样一册拍摄电影《梅兰芳的舞台艺术》和《洛神》时留下的完整的老照片，他作为梅兰芳的研究者，其中有一些也是从没有见过的；而如此大量、如此系统地反映梅兰芳舞台艺术的老照片，现今恐怕或是仅有的一套。因而它是非常有价值的，也是非常值得出版的。"英雄所见略同"。2014 年，笔者在与一家国家级出版单位人员商讨笔者所撰写的一本有关"一个红色小山村的红色档案"书籍的出版时，该社一位有着博士头衔的编辑，看到这本老照片集后，当即提出建议，可用这些老照片，编辑出一本"照片版"的梅兰芳舞台艺术"影传"，该社愿出版发行。而随着近年"老照片"在市场上的走红和热卖，当年卖与笔者老照片集的地摊儿书贩也三番五次提出要高价收购回去，或合作翻印这套梅兰芳影集去挣大钱。

正是这些缘由，打动了笔者，也使从未有过将老照片集出版念头的笔者，在十几年前整理这些老照片时所作简单提要的基础上，进一步进行了考证、编辑，并开始了本书的编写。无奈，笔者是经历过"文化大革命"的一代人，只会不靠谱地哼哼几句"革命样板戏"；虽然也阅读了一些书籍，查找了一些资料，但离真正懂得京剧，读懂梅兰芳的舞台艺术，以这些老照片为蓝本为梅兰芳作"影传"，简直差之千里，更是不自量力。所以，笔者仅按照史料汇编的形式，原样扫描，按老照片

笔者所藏 1956 年元月焦焕之绘制的《梅兰芳的舞台艺术》电影海报。

集所载顺序、内容，原样加以整理，即依据照片原样大小加以翻拍，或为了更清晰加以放大，略作有关背景的注解和说明，期望能为研究梅兰芳和京剧艺术的专家、学者提供有用的第一手素材，为喜欢梅兰芳舞台艺术的戏迷、票友提供可供观赏的影像，也为渴望对京剧及梅兰芳戏剧艺术有所了解的读者提供一点参考，亦为老照片的收藏、爱好者提供一个借鉴。由此，本书定名为《大师风采 影像留真——敏求斋藏〈梅兰芳的舞台艺术〉老照片集》。

《梅兰芳的舞台艺术》，是 1955 年在苏联专家的指导、帮助、直接参与下，拍摄的彩色戏曲纪录片。该片分为上、下两集，汇集了当时中国和苏联最有名的导演、摄影、录音、舞美设计等一干英才。《梅兰芳的舞台艺术》上集的导演，是中国当代著名戏剧家、导演和社会活动家吴祖光；摄影指导，是苏联摄影专家、斯大林奖金获得者雅可福列夫；录音指导，是苏联录音专家戈尔登；总摄影师，是曾拍摄过新闻纪录片《抗战实录》和故事片《赵一曼》、《白毛女》、《土地》等影片的著名电影摄影师、电影机械专家，时任上海电影制片厂摄影总技师的吴蔚云；副导演，是先后导演过《群英会》、《林则徐》、《红楼梦》、《阿 Q 正传》等电影的著名编剧和导演岑范；其他的，如制片主任魏曼青，美术设计韩尚义，绘景胡若思，摄影王德成、张沼滨，录音王绍曾，音乐作曲王震亚，剧务主任纪少岚，照明张海山、邵珍，剪接张树人，个个都是当时各个专业的骨干人才。《梅兰芳的舞台艺术》下集，则无论是导演，还是摄影、录音、美术等等，所有演职人员全都是中国的电影人，字幕上已没有了苏联人的踪影。如导演仍为吴祖光，副导演为岑范，特别是总摄影师为吴蔚云等等。这些人以及字幕未能显示的人员，都为这部电影以及梅兰芳舞台艺术和京剧的广泛传播作出了自己的贡献，也同样曾因参与这样一部电影的制作，在个人历史上留下了一个亮点，亦在"文化大革命"那个特殊年代给自己找来了"麻烦"。

关于这部电影，吴祖光在名为《一辈子》的回忆录中写道："从中央文化部到电影局都是十分重视这部影片的拍摄，决定用最好的技术设备条件把这部戏拍好，决定聘请苏联的摄影和录音专家指导这两个部门的摄录工作，决定拍彩色影片，解放初期还没有拍摄过一部彩色故事影片。这年（1953年）四月我去上海访问梅兰芳先生，梅先生高兴地在他斯南路的住宅接待我。我们作了反复磋商，决定拍摄五个剧目来概括他的表演艺术的各个不同的方面。五个剧目是：《霸王别姬》、《宇宙锋》、《断桥》、《醉酒》、《洛神》；在五个剧目之前拍摄一部梅先生的'生活和生平'，介绍京剧演员梅兰芳的历史渊源和他的生活面貌。生活部分和四个剧目分为上下两集，《洛神》单独成为一部影片。"

著名梅派艺术研究家、戏曲评论家许姬传和著名文博大家、与梅兰芳交往很深的戏剧研究家朱家溍，也曾在1957年撰写的一篇关于影片《梅兰芳的舞台艺术》文章的前言中作过这样的介绍："梅兰芳先生是我国当代杰出的艺术大师。他的表演继承了我国民族的优秀戏曲艺术传统，并且大大地丰富和发展了它。他热爱人民，人民也热爱他和他的艺术。梅先生很早就有这样一个愿望，想把自己的表演艺术和全国的观众广泛地见面，但这件事不容易很快实现。解放后他不辞辛苦地到各地为广大人民首先是工农兵同志们作了演出，但是我国六亿人民没有看过梅先生表演的人，还是很多的。中央文化部电影事业管理局北京电影制片厂，为了满足广大工农兵同志的需要，特地拍摄一部梅兰芳的舞台艺术五彩记录影片。这部影片是中国戏剧史上珍贵的史料。这部影片分上下两集，上集是《梅兰芳的艺术生活》和《断桥》、《宇宙锋》两出戏；下集是《洛神》（原文如此——引者注）、《贵妃醉酒》、《霸王别姬》三出戏。从 1955 年 2 月 8 日开始到同年 12 月 2 日全部拍摄完成。"

另据有关记载，《梅兰芳的舞台艺术》这部电影从提出到筹备，再到拍摄完成，先后经历了 3 年的时间。1952 年春天，为了让更多的人能够欣赏到梅兰芳的京剧表演，并把他的舞台形象和数十年的表演技巧、经验，特别是京剧旦角表演艺术用电影的形式记录下来，文化部决定借助苏联的帮助，为梅兰芳拍摄一部大型彩色舞台艺术纪录片。1953 年年初，文化部电影局向北京电影制片厂提出了拍摄《梅兰芳的舞台艺术》彩色戏曲纪录片的方案。经过有关各方 1 年多的修改，1954 年 7 月，最终敲定了具体拍摄方案，于次年 2 月正式开拍，至年底完成拍摄任务，作为梅兰芳舞台生活 50 周年纪念活动的重要内容之一，梅兰芳时年 61 岁；1956 年，电影《梅兰芳的舞台艺术》（上、下集）和《洛神》在全国公演，受到观众的喜爱，好评如潮。

电影《梅兰芳的舞台艺术》和《洛神》，从梅兰芳的家中日常生活拍起，记述了其家庭、朋友及其前辈、名师和他本人自 8 岁（1902 年）起学戏、11 岁（1905 年）登台，至 1955 年 50 年间的艺术生活和辉煌的艺术成就；展示了梅兰芳在舞台上扮演的众多艺术形象，以及《断桥》、《宇宙锋》、《霸王别姬》、《洛神》、《贵妃醉酒》最有代表性的 5 出戏的精彩演出，使人们一睹梅兰芳经过半个世纪的实践，把中国的京剧艺术精华集于一身，使京剧旦角行当的表演达到了巅峰，创造了众多优美绝伦、令人难忘的艺术形象，形成了具有独特风格和大家风范的梅派艺术，而永久载入史册。同电影这一流动的艺术一样，笔者所藏《梅兰芳的舞台艺术》老照片集，如同影片的叙述一般，同样也把 60 年前所发生的这一切永久地记录了下来。

《梅兰芳的舞台艺术》老照片集（以下简称"老照片集"），共收有梅兰芳的老照片 268 幅，粘贴在 111 页 8 开大小的牛皮纸上。这 268 幅老照片，除去"童年"、"家人"、"名师"中有 8 幅为翻拍片之外，其余全部为黑白原版片；其尺寸多为 2 寸到 6 寸之间；照片旁边多数注有简短的文字说明，但没有具体为何人所摄的记载。其内容大致分为 3 个部分：第一，梅兰芳艺术生活照 45 幅（第 1—45 幅）；第二，梅兰芳的《断桥》等 5 出经典剧目剧照 162 幅（第 46—207 幅）；第三，影片《梅兰芳的舞台艺术》和《洛神》拍摄期间的工作照 61 幅（第 208—268 幅）。它全面记录和反映了梅兰芳 50 年的戏剧舞台艺术和生平、生活，以及吴祖光拍摄这部影片的全过程。

第 一 章

梅兰芳艺术生活照

第1—45幅老照片，记述了梅兰芳的童年、家人、前辈名师和朋友及其戏曲杰作所扮人物形象，以及1955年文化部等部门隆重召开梅兰芳、周信芳舞台生活50年纪念大会的情形。老照片集对这部分有如此记载："'梅氏生活生平'内容：这部分材料是记述梅兰芳先生的历史和生活，有童年的照片，有他家人和各位名师和老友，有他生平中得意的演出之代表作（各种剧照）以及在1955年政府为他和周信芳先生在京举办的舞台生活五十年纪念大会照"。具体如下：

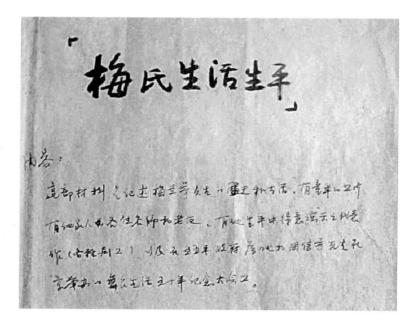

老照片集里关于"梅氏生活生平"照片的内容介绍。

（一）梅兰芳童年照3幅

为了叙述方便，将老照片集里第1—4幅"梅先生家中练功舞剑"调至"家人朋友京剧界前辈"之后。

第5—7幅为梅兰芳童年照。这3幅老照片均为当时翻拍的1寸黑白照片，并附有文字说明。第5幅："梅先生童年照

翻拍的梅兰芳 11 岁、14 岁、17 岁时的 3 幅照片。

片，当年十一岁登台（八岁学戏）"。第 6 幅："十四岁正式搭班（喜连成班）"。第 7 幅："十七岁脱离（喜连成班），直到现在，度过了五十年的舞台生活。"

（二）梅兰芳的家人前辈名师益友照 9 幅

第 8—16 幅这 9 幅老照片中，梅兰芳的伯父梅雨田及 4 位名师照 5 幅为翻拍照，其余的为原照；6 幅为 1 寸照，2 幅为 2 寸照，1 幅为 3 寸照。附有简要文字说明。第 8 幅："梅氏父亲梅竹芬（优秀的旦角）"。第 9 幅："梅氏伯父梅雨田（著名京剧音乐家、杰出的胡琴手）"。第 10 幅："吴菱仙（梅氏盟师）"。第 11 幅："乔蕙兰（梅氏遍访名师）"。第 12 幅："茹莱卿（梅氏遍访名师）"。第 13 幅："陈德霖（梅氏遍访名师）"。第 14 幅："钱金福（梅氏遍访名师）"。第 15 幅："李寿山（梅访名师）"。第 16 幅："王凤卿，名老生（曾与梅先生配戏）"。

上述 12 幅梅兰芳及其家人、名师的老照片，简要记载了梅兰芳出身戏剧世家，在喜连成班学艺，遍访名师，自组班底，从艺成名的最初生活情景。

朱家溍在其《故宫退食录》一书中的《梅兰芳年谱未定草》一文中，对梅氏家庭和早期舞台生活以及吴菱仙、陈德霖等名师作过详尽的记述：清光绪二十年（1894）九月二十四日，梅兰芳"生于北京正阳门外李铁拐斜街旧居。时堂上有：祖母陈氏，父明瑞，又名启寿、字竹芬，母杨氏，伯父明祥，又名启勋、字雨田，伯母胡氏"。其父"竹芬，幼名梅二琐。时搭福寿班，演旦"。同班的有俞菊笙、许荫棠、陈瑞林、陈春元、陈得林（德霖）等众多名演员，其中，余玉琴、陈德霖、陆华

梅先生家人及朋友. （京剧界前辈） （翻拍材料）

梅氏父亲
梅竹芬
（优秀以旦角）
8

乔慧兰
（梅氏廊诉名师）
11

梅氏伯父
梅雨田
（著名京剧音乐家
杰出以胡琴手）
9

茹莱卿
12

吴菱仙
（梅氏 啟师）
10

陈德霖
13

钱金福
14

梅兰芳的父亲梅竹芬、伯父梅雨田及其名师的 7 幅照片，其中 5 幅为翻拍。

京剧界名师李寿山和曾与
梅兰芳配戏的王凤卿的照片。

经放大的梅兰芳之父梅竹芬
的照片。

云被挑选进清宫升平署当差。福寿班共有演员 85 人，每日在各戏馆轮流表演。"自光绪十九年（1893）北京各戏班经常轮流传进宫中演戏。福寿班亦在其中，每场戏有赏银，当时梅竹芬每场戏得银六两。竹芬能继父业，凡巧玲所演诸戏皆优为之。"这里的"巧玲"，即梅兰芳的祖父，是清同治、光绪年间（1862—1882）被称为"同光十三绝"之一的著名优秀旦角演员，也是当时北京四大徽班之一的四喜班的领导者梅巧龄。梅巧龄不仅戏唱得好，其乐于助人、不计金钱和地位的美德至今仍为人所称道。梅兰芳的伯父梅雨田则是被称为天才音乐家的"六场通透"，即所有京剧场面上的乐器都能拿得起来伴奏的名手，尤其擅长胡琴，当年曾长期给同为"同光十三绝"之一的谭鑫培伴奏。梅兰芳就出生在这样一个戏剧世家之中。

不幸的是，清光绪二十三年（1897）梅兰芳 3 岁之时，"父梅竹芬卒，年 26 岁"，家庭陷入困境，主要靠梅雨田搭班胡琴伴奏的收入维持生活。同据朱家溍的《梅兰芳年谱未定草》记述：清光绪二十六年（1900）梅兰芳 6 岁之时，"梅家李铁拐斜街老屋售去，迁百顺胡同，赁屋而居"。清光绪二十七年（1901）梅兰芳 7 岁之时，即"开始学戏"，最初"从朱玉凌学青衣，授四句（慢板）未竟，朱师辞馆而去，谓梅兰芳：'祖师爷没赏你饭吃'"。次年，梅兰芳 8 岁，"拜吴菱仙为师，学青衣戏。第一出学《战蒲关》。住姐丈朱小芬家。每日闻鸡而起，随吴先生至城根喊嗓。午饭后另请琴师吊嗓。每段唱腔学三十遍。学身段。晚间念本子"。清光绪二十九年（1903），梅兰芳 9 岁，"从吴先生学《祭江》、《孝义节》、《彩楼配》"。次年，10 岁，"从吴先生学《二度梅》、《二进宫》、《三娘教子》等戏及昆腔戏。七月初七日，在广和楼第一次出台，演昆腔《长生殿·鹊桥密誓》的织女。本年，王瑶卿、钱金福挑进升

油画家刘玉山为笔者所摹，
清代沈蓉圃所绘《同光十三绝》
工笔写生戏画像中，由梅兰芳
的祖父、旦角梅巧龄饰演《雁
门关》中萧太后的扮相。

平署当差"。自此至清光绪三十二年（1906）12 岁，梅兰芳继
续"从吴先生学《桑园会》、《三击掌》、《探窑》、《别宫》、《祭
塔》、《孝感天》、《六月雪》、《宇宙锋》、《打金枝》、《桑园寄
子》、《浣纱记》、《朱砂痣》等戏以及配角戏《岳家庄》、《岳云
之姐》、《九更天》、《搜孤》。十一月十二日，梅雨田挑进升平
署当差，年 38 岁"。清光绪三十三年（1907），"梅家移居芦草
园。13 岁的梅兰芳搭喜连成班，每日白天演唱"，同时，仍"从
吴先生学戏，并从姑丈秦稚芬戏，又从胡二庚（胡喜禄之侄）
学花旦戏"。由于名师的指教、舞台的实践，特别是个人的勤
奋和虚心好学，年少的梅兰芳在艺术上迅速地得到"进步与深

经放大的梅兰芳的恩师吴菱仙的照片。

经放大的 11 岁第一次登台演出时的梅兰芳的照片。

入"。正如梅兰芳在《舞台生活四十年》一书中自叙的那样："我搭喜连成班的时候，每天总是不等到开锣就到，一直看到散戏才走……以后搭别的班也是如此……这种一面学习、一面观摩的方法，是每一个人求得深造的基本条件……学旦角的不一定专看本工戏，其它各行角色都要看。同时批评优劣，采取他人的长处，这样才能使自己的技能丰富起来。"这一年，"喜连升班改名喜连成"。自此，至 15 岁，梅兰芳继续"搭喜连成班，仍从吴先生学戏"，并于 1908 年"移居鞭子巷头条。七月十八日丧母"。同年"七月初六日，王凤卿挑进升平署当差，年 26 岁"。梅兰芳 15 岁时，为清宣统元年（1909），"国丧期间，各戏班停演。在家从伯父雨田学《武家坡》、《大登殿》、《玉堂春》"。梅兰芳 17 岁成婚，"娶妻王氏（王顺富之女、武生王毓楼之妹王明华）"。梅兰芳脱离喜连成班，"搭鸣盛和班，在东安市场吉祥茶园每日白天演唱，茹莱卿操琴"。次年，梅兰芳 18 岁，"长子大永生。搭余振庭所组双庆班，每日白天演唱，茹莱卿操琴"。是时，18 岁的梅兰芳"已由少年到青年时期，脱离科班，在大班已进入主要演员行列，开始有叫座能力，唱法略宗时小福。（即"同光十三绝"中的名旦时小福）"，而"当时京师大学译学馆学生为梅先生之基本观众"。老照片集里的李寿山、王凤卿等人亦在同班演戏。

梅兰芳功成名就，离不开名师的教诲、朋友的帮衬。在老照片集所载 6 幅梅兰芳名师照片中，就有吴菱仙、陈德霖、乔蕙兰、李寿山等人。首先当属开蒙老师吴菱仙。吴菱仙，是著名的京剧青衣演员，为"同光十三绝"中名旦时小福的得意弟子和传人之一。1902 年，受梅雨田的委托，吴菱仙正式收梅兰芳为徒。吴菱仙因早年曾搭过梅巧龄的四喜班，共事多年，与梅家旧谊深厚，故对梅兰芳倍加关心，倾心传授。其时

经放大的 14 岁正式搭喜连成班演戏时的梅兰芳的照片。

经放大的 17 岁成婚并搭鸣盛和班演戏时的梅兰芳的照片。

已 50 多岁的吴菱仙，从教授 8 岁的梅兰芳第一出戏《战蒲关》开始，在其后的 4 年中，共教梅兰芳正工青衣戏《二进宫》、《桑园会》、《武家坡》、《天女散花》、《玉堂春》、《嫦娥奔月》、《御碑亭》、《三娘教子》、《彩楼配》、《三击掌》、《宇宙锋》、《祭塔》、《二度梅》、《别宫》等，以及另外配角戏，如《桑园寄子》、《浣纱记》、《朱砂痣》、《岳家庄》、《九更天》、《搜孤救孤》等共 30 多出戏，对梅兰芳倾注了比别人更多的心血。为使梅兰芳尽快成才，早日担负起家庭重任，吴菱仙打破了梨园子弟"先学戏，后登台"的常规，在梅兰芳 11 岁时就与班主商议好，叫梅兰芳在广和楼第一次出台，出演昆腔《长生殿·鹊桥密誓》中的织女；更在梅兰芳离开喜连成科班后，叫他随搭班、随学戏，在演出实践中提高艺术水平，使梅兰芳很早就搭大班社演戏，在 18 岁时就进入主要演员的行列，与吴菱仙的另两位高徒朱幼芬、王蕙芳分别被推举为状元、榜眼、探花。而在几年之后，20 岁出头的梅兰芳便雄居状元位置，独领京剧旦行之首，这不能不说是得益于吴菱仙这位最早的开蒙名师的教诲。虽然后来梅兰芳离开了老师吴菱仙，但师徒俩始终保持着密切的关系。梅兰芳每当要对所演剧目进行修改加工时，总要先听听吴菱仙的意见。特别是吴菱仙去世时，梅兰芳不但亲自守灵、送葬，并承办了整个后事，对吴家的后人也始终给予关怀、帮助，留下了一段师徒情深的佳话。

关于老照片集收录的陈德霖、乔蕙兰、李寿山等名师，朱家溍在《梅兰芳年谱未定草》中有着这样的记载：民国三年（1914），梅兰芳 20 岁，这一年的"1 月，在庆丰堂与王慧芳同拜陈德霖为师"，"从陈德霖、乔蕙兰、李寿山、陈家探学昆腔《金山寺》、《断桥》、《佳期》、《拷红》、《风筝误》、《游园》、《惊梦》、《闹学》"。

经放大的梅兰芳的名师
陈德霖的照片。

经放大的梅兰芳的名师
乔蕙兰的照片。

陈德霖（1862—1930），这位梅兰芳的名师，人称剧坛"老夫子"；幼入四箴堂科班学武旦，后拜田宝琳为师改学青衣；出科后搭三庆班，后又入福寿班、春庆班等；清光绪十六年（1890）入升平署当差，是光绪年间以来青衣演员的代表人物。其唱腔得到时小福的亲传，既继承了老派青衣演唱的传统，偏于阳刚一路，又在唱法上与前人有所不同，成为近代青衣的一个重要流派，世称"陈派"。特别是陈德霖的表演坚持从剧情出发，根据剧中人物性格安排行腔的高低、急缓，将青衣行当的演唱引领到一个新的艺术境界，亦被人们称作"青衣泰斗"。他一生收徒众多，尤以王瑶卿、梅兰芳、王蕙芳、王琴侬、姚玉芙、姜妙香为佳，他们并称为六大弟子；门婿余叔岩也得到他的很多教益；尚小云、韩世昌、黄桂秋等人都曾得其亲传，因而获得"老夫子"的称号。其传人中，梅兰芳、尚小云、韩世昌（昆旦）等人后来都自成一家。正是陈德霖这样名师的指引，造就了梅兰芳等人这样的高徒。

乔蕙兰，出生于1859年，是北京的昆曲名宿；自幼学习昆曲，"出章丽秋之佩春堂，隶三庆、四喜"等班；13岁登台，是光绪年间著名的昆腔正旦，在升平署当差非常红，是光绪皇帝最赏识的演员；1914年55岁时，与陈德霖、李寿山等人成为梅兰芳的昆曲老师，向他传授昆腔。据梅兰芳之子梅葆玖所说，在1915年前，梅兰芳向乔蕙兰等北京昆曲名宿学习了50多出昆曲，常演的就有30多出。这对于梅兰芳吸收昆曲的昆腔及其载歌载舞的表现形式充实和积累自己的表演基本功，并对今后的舞台艺术和更高的艺术追求都打下了重要基础。其中，乔蕙兰、李寿山等名师的教授功不可没。

李寿山（1866—1932），京剧净角（净角是京剧表演的主要行当之一，俗称花脸），出身于三庆班，与武净钱金福为师

经放大的梅兰芳的名师
李寿山的照片。

经放大的梅兰芳的名师
钱金福的照片。

兄弟；初共花旦、昆旦，又改老生，后归武净兼架子花，文武皆能，昆乱不挡（"昆乱"指昆曲和乱弹，"乱弹"即京剧。"昆乱不挡"，指既能唱昆曲，又能唱京剧，技艺全面，戏路宽广的演员；若文戏、武戏都能演，亦称之为"文武昆乱不挡"），善演《白蛇传》之法海、《春香闹学》之陈最良、《风筝误》之丑小姐等，尤以《贩马记》之李奇极享盛誉；清光绪二十六年（1900），选入升平署当差，艺名李七儿，时年34岁。清光绪三十二年（1906），应喜连成之聘，入社执教；晚年在梅兰芳剧团。梅兰芳在《断桥》、《出塞》、《风筝误》和《春香闹学》中的身段，即为李寿山所传授。

梅兰芳的名师中的钱金福，1862年（同治元年）生人；幼入全福昆曲科班、四箴堂科班，师从于双寿、崇富贵学戏，工武净；1883年入三庆班，后又入春台、小长庆、玉成等班；1904年，选入升平署当差；其武功扎实稳练，讲究表情、身段，把子功堪称一绝，舞台造型美，对脸谱有深入的研究，勾脸独到，自成一派；1911年入同庆班，与谭鑫培同台合作，为谭鑫培配演，极受谭鑫培倚重；后期与杨小楼、余叔岩等人配戏，增色极多；擅演《定军山》、《长坂坡》、《战宛城》、《单刀会》、《芦花荡》、《瓦口关》、《铁笼山》等；晚年从事教学，梅兰芳、杨小楼、余叔岩、王瑶卿等人均曾是其学生，并得其教益。

茹莱卿（1864—1923），著名武生，也是梅兰芳的第一位琴师；原名来青，乳名福儿，祖籍江苏无锡，1864年阴历三月二十六日生于京城；早年拜在荣春堂堂主、武生名宿杨隆寿门下学艺，是杨隆寿仅收的3名高徒之一，亦是和俞菊生、杨悦楼同期的著名武生；40岁后，拜"胡琴圣手"、梅兰芳的伯父梅雨田改习胡琴，17岁的梅兰芳艺成后，即为梅兰芳的每次

经放大的梅兰芳的琴师茹莱卿的照片。

经放大的王凤卿的照片。

演出操琴。特别是 1913 年，19 岁的梅兰芳，挂二牌旦角，随头牌老生王凤卿首次赴沪演出，以及 1919 年梅兰芳首次赴日本演出时，操琴的都是年已半百的茹莱卿。直至 1922 年因健康原因，他举荐徐兰沅担任梅兰芳的琴师，次年病逝。除此，梅兰芳在《舞台生活四十年》一书中还特别说到，他的武功和把子功即为茹莱卿所授。他在《木兰从军》中的许多优美身段，就是茹莱卿根据《乾元山》中哪吒的演技设计、变化而来；《穆柯寨》亦得自茹莱卿的指点。可见，茹莱卿与梅兰芳亦师亦友的关系。

王凤卿，著名京剧汪派老生，是曾对梅兰芳、尚小云、程砚秋、荀慧生这四大名旦成为各自流派创始人给予过精心培育，曾担任新中国第一任中国戏曲学校校长的著名京剧表演艺术家和戏曲教育家王瑶卿的二弟。他幼时与其兄王瑶卿一同学艺，初习武生于崇富贵、陈春元，后改习老生，投李顺亭、贾丽川门下；14 岁时在四喜班演出，名声初显；后被与谭鑫培、孙菊仙并称为老生"新三杰"的京剧汪派创始人汪桂芬纳为弟子，传授拿手杰作《取成都》、《朱砂痣》等剧；光绪三十四年（1908），被选入升平署当差；至民国初年，名盛一时。王凤卿擅演的剧目有《文昭关》、《取成都》、《朱砂痣》、《鱼肠剑》、《取帅印》、《华容道》、《战长沙》等。他与梅兰芳交谊深厚。1913 年年底，梅兰芳第一次去上海演出，就是跟随王凤卿挂二牌去的，并在演出包银及推荐梅兰芳最后上演压轴戏、为其"一举成名天下"都尽过全力，从而成为梨园的一段佳话。王凤卿曾与梅兰芳合作演出《汾河湾》、《宝莲灯》等戏，被誉为珠联璧合。新中国成立后，王凤卿在中国戏曲学校任教。老照片集在"朋友"中唯一收入王凤卿，自应是理所当然的事情了。

梅雨田，中国著名的京剧琴师、梅兰芳的伯父，出生于

经放大的梅雨田的照片。

1865 年，早年拜四喜班琴师贾祥瑞为师，习胡琴，虚心受业，享名较早，曾长期为谭鑫培伴奏，对谭派艺术起到烘云托月的作用，深得谭氏器重，有"胡琴圣手"之称。梅雨田的演奏风格平正大方、规矩严谨，格调高而韵味醇，与剧情吻合，神趣盎然。后世琴师多承袭梅氏艺术，号称梅派。除此，梅雨田曾师从钱青望习笛，能吹奏昆曲 300 余出，亦工唢呐。1906 年，梅雨田被选入升平署当差。民国初年的 1912 年，他因病去世，享年 47 岁。至于梅雨田对梅兰芳的养育和培养，无论是学艺，还是抚养成人、成家立业，自是不在话下。

（三）梅兰芳的 9 出得意杰作剧照 17 幅

这 17 幅照片共 5 页，均为 1955 年拍摄影片《梅兰芳的舞台艺术》时的原作，全部为黑白照片。这 17 幅照片的尺寸大小不一，10 幅为 2 寸照，1 幅为 3 寸照，6 幅为小 6 寸照。它们包括了梅兰芳在《春香闹学》、《虹霓关》、《雁门关》、《天女散花》、《生死恨》、《木兰从军》、《黛玉葬花》、《思凡》、《抗金兵》9 出戏中所扮角色的剧照，并附有剧目及角色的简要文字介绍。其中，《春香闹学》、《虹霓关》和《抗金兵》各有一幅当时被选作宣传用的剧照。17 幅照片具体如下：（1）梅兰芳演出《春香闹学》的春香 3 幅（第 17—19 幅），第 19 幅被选作宣传用剧照。（2）梅兰芳演出《虹霓关》的东方氏（第 20 幅），被选作宣传用剧照。（3）梅兰芳演出《雁门关》的青莲公主（第 21 幅）。（4）梅兰芳演出《天女散花》的天女（第 22 幅）。（5）梅兰芳演出《生死恨》的韩玉娘（第 23、24 幅）。（6）梅兰芳演出《木兰从军》的花木兰（第 25、26 幅）。（7）梅兰芳演出

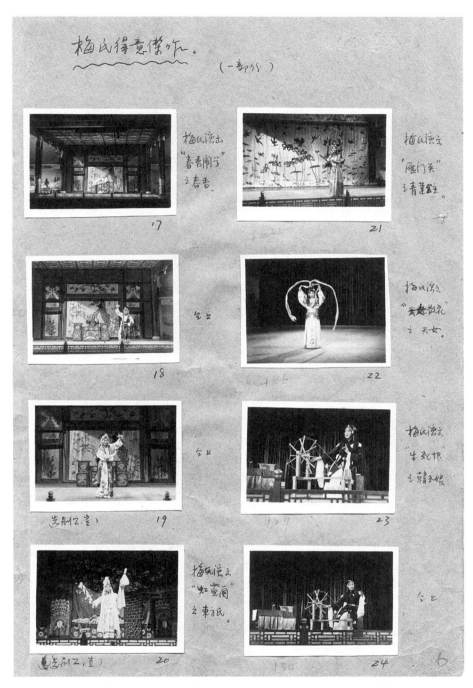

　　梅兰芳得意杰作之《春香闹学》、《虹霓关》、《雁门关》、《天女散花》、《生死恨》所扮角色第17—24幅原版照片。

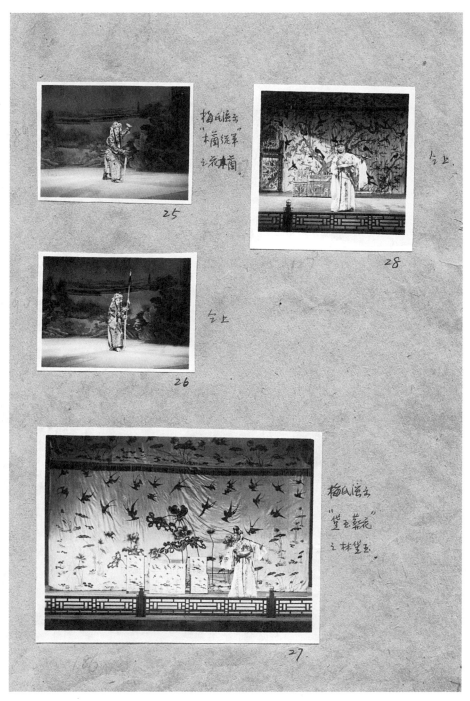

梅兰芳得意杰作之《木兰从军》、《黛玉葬花》所扮角色第 25—28 幅原版照片。

梅兰芳得意杰作之《思凡》所扮角色第 29、30 幅原版照片。

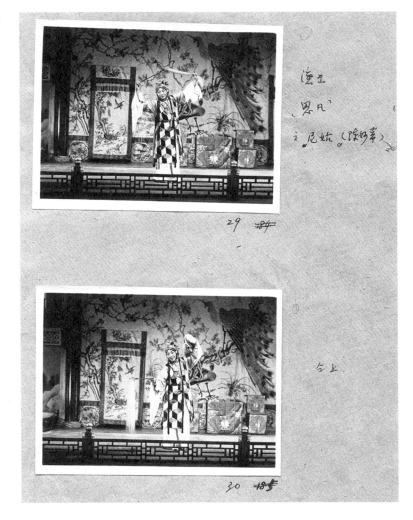

《黛玉葬花》的林黛玉（第 27、28 幅）。（8）梅兰芳演出《思凡》的尼姑（第 29、30 幅）。（9）梅兰芳演出《抗金兵》的梁红玉（第 31、33 幅），第 32 幅被选作宣传用剧照。

上述 9 出戏以及梅兰芳所扮演的角色，是彩色戏曲纪录片《梅兰芳的舞台艺术》和《洛神》的 5 出戏中没有包括的，但这 9 出戏及梅兰芳所扮角色，除去《思凡》之外，都典型地记录了梅兰芳在 19 岁（1913 年）至 42 岁（1936 年）20 多年间梅兰芳得意杰作之《抗金兵》所扮角色第31、32幅原版照片。

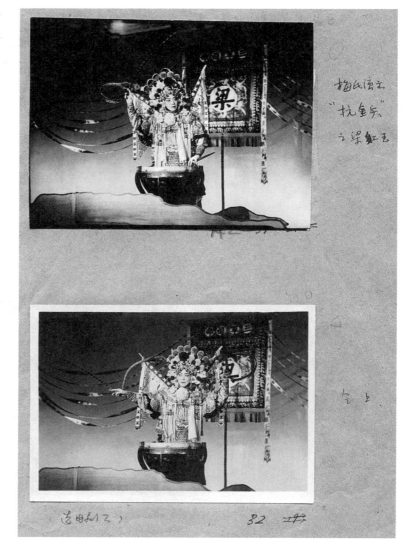

创演新戏所经历的发展过程并最终形成梅派，达到鼎盛时期，以及那些具有代表性的新的剧目和艺术形象。对此，朱家溍在《梅兰芳年谱未定草》中，对梅兰芳从1913年至1923年即19岁至29岁期间创演新戏的情况，曾作如下翔实记载。

民国二年（1913），19岁的梅兰芳，"移居鞭子巷三条。搭田际云所组玉成班，每日在天乐园演白天戏"。同年11月梅兰芳得意杰作之《抗金兵》所扮角色第 33 幅原版照片。

（农历十月），"接受上海徐少卿邀请，为王凤卿挂二牌到上海演出，包银一月一千八百元。不带配角，只有琴师茹莱卿，梳头人韩佩亭，跟包宋顺和大李"，"自农历十月初七日始，在丹桂第一台（上海四马路大新路口）演出……第一次演扎靠戏，为茹莱卿所授。第一次演头本《虹霓关》，为王慧芳（应为王瑶卿）所授。每次演头二本《虹霓关》由王凤卿演《取帅印》"，并经王凤卿提议，"让梅兰芳单独演一次大轴，及演出第十三天的《穆柯寨》"。这是梅兰芳第一次演大轴戏。"在上海共演四十五天戏，受到上海观众的热烈欢迎。"其间，对《时报》的狄平子、《申报》的史量才、《新闻报》的汪汉溪的拜访，与吴昌硕、况夔生、赵竹君和昆曲界俞粟庐、徐凌云等人的"订交"，以及对一些讽世警俗、开化民智等"醒世新戏"的观摩，给梅兰芳留下很深的印象。正如他在《舞台生活四十年》中所说："在上海的逗留，对我后来的舞台生活是起了极大的作用的"。"不久，我就在北京跟着排这一路醒世新戏，着实轰动过一个时期。"

民国三年（1914），20 岁的梅兰芳，基于从上海回来后对

　　笔者所藏 1927 年
唐世昌等人编辑的《梅
兰芳》摄影集所收《嫦
娥奔月》剧照，着重表
现梅兰芳发型的变化。

戏剧"直接采取现代的时事，编成新戏"，对于观众的教育意义"收效或许比老戏更大"这种新思潮的理解，经过半年的筹备、排练，与翊文社合作，尝试创编了时装新戏《孽海波澜》，并于当年10月，在北京鲜鱼口天乐园"第一次上演了时装新戏《孽海波澜》"。同年12月，梅兰芳带夫人王明华及长子大永，与王凤卿仍带原班人马第二次到上海演出，在第二台的演出中，上演了《雁门关》、《虹霓关》等剧目。化装等方面"又有改进"。

民国四年（1915），21岁的梅兰芳新戏连连。"4月4日，与路三宝、俞振庭、王毓楼演《金山寺》（初次上演）。4月10日，与孟小如、路三宝、高庆奎演《宦海潮》。5月16日，与路三宝、程继仙、俞振庭演《邓霞姑》（初次）。"对此，朱家溍指出："自演《孽海波澜》、《宦海潮》以来，《邓霞姑》为第三出时装戏。此剧由路三宝讲述故事，李寿峰、李寿山、李敬山三人打提纲，由扮演者编自己的台词。自梅先生演新戏以来，只有此剧是扮演者自编的戏。""9月5日，与姜妙香演《佳期》、《拷红》（初次）。10月31日，与俞振庭演《嫦娥奔月》（初次）。《嫦娥奔月》是梅先生第一出古装（新）戏自农历七月七日开始，由齐如山打提纲，李释戡编词，参考古画设计服装和发型，初演脑后梳双髻，后改为脑后垂发代替线尾。友人舒石父设计制作服装。夫人王明华设计发型。11月14日，与陈德霖、姜妙香、李寿山演《风筝误》（初次）。"

民国五年（1916），22岁的梅兰芳，迁居芦草园。他自叙："从民国五年起，收入就渐渐增加了。我用两千几百两银子在芦草园典了一所房。那比鞭子巷三条的旧居要宽敞的多了。它是两所四合并起来，在里面打通的。上房是十间，南房也是十间"。梅兰芳的居住条件大为改观，新戏亦连续不断。1月14

日白天，双庆社在吉祥园由"梅兰芳、姜妙香、路三宝、姚玉芙（上演新戏）《黛玉葬花》（初次）。1月19日，吉祥园白天演《闹学》（初次）。4月19日，与路三宝、贾洪林、姜妙香演头本《一缕麻》（初次）。4月21日，演二本《一缕麻》（初次）"。同年秋天，梅兰芳第三次到上海演出。他在《舞台生活四十年》中记述："一口气连唱四十五天……唱过七天老戏，就把我十八个月里边所排的古装、时装新戏，还有新排的穿旧戏装的戏，再加上昆曲，陆续贴演，倒是很受观众的欢迎。尤其是《嫦娥奔月》和《黛玉葬花》这两出戏。""回京后，改搭桐馨社"。对于1915年至1916年这段时间里排演新戏的情况，梅兰芳有个总结，他自叙："从民国四年（1915）的四月到民国五年（1916年）的九月，我都搭在双庆班，一面排演了各种形式的新戏，一面又演出了好几出昆曲戏。可以说是我在业务上一个最紧张的时期。"梅兰芳把这许多演出的戏，按照服装上的差异，分成四类："第一类仍旧是穿老戏服装的新戏，如《牢狱鸳鸯》。第二类是穿时装的新戏，如《宦海潮》、《邓霞姑》、《一缕麻》。第三类是我创制的古装新戏，如《嫦娥奔月》、《黛玉葬花》、《千金一笑》。第四类是昆曲，如《孽海记》的《思凡》，《牡丹亭》的《春香闹学》，《西厢记》的《佳期》、《拷红》，《风筝误》的《惊丑》、《前亲》、《逼婚》、《后亲》。看了这个戏目，就能想象出我十八个月的工作状况了。"由此可见，这一时期梅兰芳创演新戏的大致情形。

民国六年（1917），23岁的梅兰芳，在桐馨社和双庆社先后四次"第一次"出演了新戏：在桐馨社，"3月17日，与王凤卿演前本《花木兰》（初次）。""3月31日，与姜妙香、姚玉芙演《千金一笑》（即"晴雯撕扇"，初次）。""5月13日，与杨小楼、王凤卿、姜妙香、贾洪林、路三宝、李连仲、李顺

笔者所藏1927年
唐世昌等人编辑的《梅
兰芳》摄影集所收"叫
座能力最大"的《黛玉
葬花》剧照。

笔者所藏 1927 年
唐世昌等人编辑的《梅
兰芳》摄影集所收《木
兰从军》剧照。

亭演三四本《春秋配》（初次）。"在双庆社，"12月1日，与姚玉芙、高庆奎、李寿峰、李敬山演《天女散花》（初次）"。

民国七年（1918），24岁的梅兰芳，新戏依然迭出，演出接连不断。他搭双庆社，于2月2日，在吉祥园与曹二庚、李敬山、郭春山"首次上演新编破除迷信之《童女斩蛇》"。搭裕群社，于6月9日，"在三庆园与王凤卿、姜妙香、姚玉芙演《狮吼记》（初次）"。6月30日，"在吉祥园与陈德霖演《麻姑献寿》（初次）"。"9月25日，在吉祥园与姜妙香演《藏舟》。""11月3日，在广德楼与姜妙香演《瑶台》（初次）。"12月23日，"与高庆奎、李寿山、曹二庚演《红线盗盒》（初次）"。

据民国初年平津地区第一份戏剧专刊《春柳》1918年12月1日第一期统计，1918年10月10日至12月29日，梅兰芳在京总计演出41场，演戏41出，复演4场。其中，10月15场，包括《美龙镇》（堂会）、《木兰从军》前本、《木兰从军》后本、《琴桃》、《虹霓关》、《四郎探母》、《风筝误》、《麻姑献寿》、《溪皇后》、《枪挑穆天王》、《汾河湾》、《春香闹学》等；11月13场，包括《御碑亭》、《童女斩蛇》、《瑶台》、《武家坡》、《天女散花》、《回龙阁》、《美龙镇》、《打渔杀家》、《虹霓关》、《黛玉葬花》、头本《春秋配》、二本《春秋配》、《游园惊梦》等；12月13场，包括《虹霓关》、《醉酒》、《汾河湾》、《金山寺》、《千金一笑》、《瑶台》、《牢狱鸳鸯》、《童女斩蛇》、《玉堂春》、《黛玉葬花》、《红线盗盒》等等。可见，青年梅兰芳是如何的忙碌。

民国八年（1919），25岁的梅兰芳，"成立喜群社，继续与余叔岩合作"，"首演于1月23日，在新明大戏院与张彩林、李景山演《醉酒》"。另据《春柳》第三至七期的统计，自1月1日至4月13日，共演67场、67出，复演1出。"4月21日至5月30日，携同喜群社一部分演员访问日本。此次访问，是中国戏曲演员第一次在外国舞台上演出。受到日本各界热烈欢迎。"梅兰芳所演剧目大多是他创排的新剧,如《天女散花》、《嫦娥奔月》、《春香闹学》、《黛玉葬花》、《千金一笑》等,影响甚大。《春柳》第六、七两期连载涛痕所述《梅兰芳东渡纪实》,报道了梅兰芳先后在东京、大阪、神户等地演出的盛况。

民国九年(1920),26岁的梅兰芳,第四次到上海演出,并应近代实业家张謇邀请,于12月第一次到江苏南通演出。此外,"新编演《上元夫人》",3月5日,在新明戏院"与王凤卿、陈德霖、程连喜、荣蝶仙、程艳秋(即程砚秋——引者注)、姚玉芙、朱桂芳、刘凤林、姜妙香、赵芝香(首演)《上元夫人》(初次)"。同年,商务印书馆的活动影戏部邀请梅兰芳第一次拍摄了无声电影《春香闹学》。戏中的春香由梅兰芳扮演,杜丽娘由姚玉芙扮演,陈最良由李寿山扮演。

民国十年(1921),27岁的梅兰芳,每日演戏,"第一舞台义务夜戏"有所增多;创新步伐有所放慢,但新剧一出,皆为经典。"组织崇林社与杨小楼合作。编写《霸王别姬》剧本,齐如山执笔,吴震修删。创作并练习舞剑。"年末,梅兰芳与福芝芳结婚。

民国十一年(1922),28岁的梅兰芳,"在崇林社演出新编演的《霸王别姬》"。笔者所见戏单记载,于"2月15日,第一舞台崇林社夜戏,与杨小楼、王凤卿、钱金福、许德义(首演)《霸王别姬》(初次)"。同年下半年自上海演出回京后,因杨小楼患病停演,梅兰芳自己独立组织剧团承华社,在新建的真光剧场演出。同年10月,他赴香港演出,所演剧目同样大多为新戏,也同样受到热烈欢迎。琴师茹莱卿未能前往,由徐兰沅操琴。

民国十二年(1923),29岁的梅兰芳,"编演新戏三出:

笔者所藏1927年唐世昌等人编辑的《梅兰芳》摄影集所收梅兰芳与夫人福芝芳的合影。二人共同生活了40年。1980年1月，福芝芳在北京病逝，享年75岁。

笔者所藏1927年
唐世昌等人编辑的《梅
兰芳》摄影集所收《西
施》剧照。

太 眞 外 傳（七）

The Life of Yang Kue`-Fei

笔者所藏 1927 年
唐世昌等人编辑的《梅
兰芳》摄影集所收《太
真外传》之杨玉环剧照。

演创编新戏《生死恨》。至此，老照片集里9出梅兰芳"得意杰作"的17幅照片都找到了"行踪"。1937年，全国抗战爆发。1938年年初，梅兰芳携家眷和剧团演职员再次赴香港演出，全家留居香港；1941年，梅兰芳蓄须明志，息影舞台。而在此之后，无论抗战胜利还是新中国成立后，梅兰芳所编创的新戏就已经很少了，远不能与抗战之前的情形同日而语，个中缘由，不得而知。

老照片集里9出戏的17幅作为"梅氏得意杰作"的老照片，亦是影片《梅兰芳的舞台艺术》中的镜头，与这部电影一起，记录着年过花甲之年的梅兰芳在总结自己50年舞台艺术生活之时所留下的历史瞬间。这些黑白照片，或许远不能与当今令人难以认出真相的各种艺术照相比，但留下了晚年梅兰芳真实的艺术形象，同样显得那么好看与耐看。

1. 梅兰芳演出《春香闹学》所扮春香人物剧照3幅（第17—19幅）

这3幅照片均为黑白照片；规格均为2寸大小；摄影、洗印也并不理想和完美，但在当时能做到这一点，已是很不容易了。对这3幅照片所作说明均一样，只有"梅氏演出'春香闹学'之春香"一句词儿。场景也基本一样，梅兰芳所扮春香的画面从小到大依次展开，舞台、布景一览无遗。其中，第19幅被选作宣传用的剧照。

《春香闹学》是我国昆曲《牡丹亭》中的一折，是梅兰芳最早向陈德霖、乔蕙兰等人学习昆腔时所学昆曲剧目之一，也是当年梅兰芳在排演各种新戏的同时所演昆曲的代表作品之一。朱家溍在《梅兰芳年谱未定草》中载：民国三年（1914）1月，梅兰芳"从陈德霖、乔蕙兰、李寿山、陈家探学昆腔《金

第 17 幅：经放大的梅兰芳演出《春香闹学》所
扮春香人物剧照第 1 幅。

第 18 幅：经放大的梅兰芳演出《春香闹学》所
扮春香人物剧照第 2 幅。

第 19 幅：经放大的梅兰芳
演出《春香闹学》所扮春香人
物剧照第 3 幅。

山寺》、《断桥》、《拷红》、《风筝误》、《游园》、《惊梦》、《闹
学》"。1994 年，朱家溍在纪念梅兰芳百年诞辰大会上题为《梅
兰芳与昆曲》的发言中讲道："京剧演员有本领的都自己要求
以昆乱不挡为标准，科班戏要以昆腔打基础。所以，梅兰芳
11 岁开始登台，第一次演戏就是昆曲《鹊桥密誓》的织女。
到 20 多岁已经大红之后，他在民国四年（1915）开始演《金
山寺》、《断桥》，以后陆续上演《牡丹亭·闹学、游园、惊梦》、
《风筝误·惊丑、前亲、诧美》、《西厢记·佳期、拷红》、《玉
簪记·琴桃、问病、偷诗》、《金雀记·觅花、庵会、乔醋、醉
圆》、《狮吼记·梳妆、跪池、三怕》、《南柯记·瑶台》、《渔家
乐·藏舟》、《铁冠图·刺虎》。还有一出《红线盗盒》，原本昆
腔演了 10 年之后，在承华社的期间改成皮黄戏了。"这些戏，
都经常排在梅兰芳的演出剧目之中，而且，并非如梅兰芳最初
担心的那样，"上演久已无人演的昆戏上座不会好"，"实际和
皮黄戏比并不差，并引起社会上的注意，北大、清华都增加了

南北曲的讲授"。当年，由邵飘萍、徐凌霄、王小隐办的"《京报》都常常发表有关昆曲的文章"。"抗日战争胜利时，梅兰芳先生在上海庆祝日本无条件投降，演了两期昆腔戏：《刺虎》、《游园》、《惊梦》、《思凡》、《奇双会》。"由此可见，老照片集在"梅氏得意杰作"中，把昆曲《牡丹亭》之《春香闹学》的3幅剧照放在最前面的缘由与用心。

《春香闹学》是《牡丹亭》中的一折。其剧情主要讲述了南安太守杜宝为女儿杜丽娘聘请私塾先生陈最良教习诗书，让小丫环春香伴读。春香不知读书为何事，及至书房，一味玩笑嬉戏，在陈最良面前肆无忌惮。陈最良批评她，反被聪明伶俐、淘气的春香屡次戏弄。陈最良非常生气，无奈之下，几欲辞馆而去。杜丽娘好言相劝，加以挽留，并命春香跪求饶恕。陈最良方才息怒，决定留下继续教书。梅兰芳曾与多人合作上演过此戏，在上海演出时，有人撰文，称其"唱功做工，无懈可击，诚所谓尽善尽美"，现场"拍手叫好之声浪，时时喧阗于耳鼓"，"且梅伶之风流旖旎，又出色当行，宜乎卖座为之一空"。在1920年由商务印书馆活动影戏部拍摄的中国第一部戏剧无声电影《春香闹学》中，则是梅兰芳扮演春香，姚玉芙扮演杜丽娘，李寿山扮演陈最良，亦在中国电影史上留下重要的篇章。

2. 梅兰芳演出《虹霓关》所扮东方氏人物剧照 1 幅（第 20 幅）

《虹霓关》是一出经典传统京剧剧目，王瑶卿及"四大名旦"均擅长此剧。1913 年，20 岁的梅兰芳与王凤卿赴上海演出时，如朱家溍所载："第一次演头本《虹霓关》"，"每次演头、二本《虹霓关》，由王凤卿演《取帅印》"。传统京剧《虹霓关》

第 20 幅：经放大的梅兰芳
演出《虹霓关》所扮东方氏人
物剧照。

分为头、二两本，讲的是隋朝末年，瓦岗军攻打虹霓关。王伯
当射死守将辛文礼，再战失利，竟被辛妻东方氏生擒。东方氏
慕其英俊勇武，暗遣丫鬟说媒，欲改嫁豪杰。王伯当假意许
婚。该剧，梅兰芳得王瑶卿真传，再经过与王凤卿的再创作，
在头本中先演东方氏，演到生擒王伯当为止；在二本中因增加
了丫鬟的唱段，梅兰芳就由东方氏改演丫鬟，演到王伯当假意
许婚为止。由此，梅兰芳开创了在同一剧目中一人分饰两个不
同人物、不同行当（俗称"一赶二"）的先例。该剧是梅兰芳
在民国时期演得较多的一出戏，并很早就扬名海外。他在出访
日本、美国、苏联时均上演过该剧，并在 1924 年访日演出之
余，由日本宝冢电影厂拍摄了《虹霓关》中"对枪"的一段无
声影片；1935 年访苏时，则又由著名电影导演爱森斯坦再次拍

摄了"对枪"这段有声电影流传至今。爱森斯坦当年称赞梅兰芳是"最伟大的造型大师"。"梅氏得意杰作"中的这幅《虹霓关》之东方氏的老照片，虽属一般的黑白照，但依然可见他"最伟大造型"的光彩，令人爱慕不已。

3. 梅兰芳演出《雁门关》所扮青莲公主人物剧照 1 幅（第 21 幅）

《雁门关》与《虹霓关》一样，是一出著名的经典传统京剧剧目。梅兰芳的祖父、"同光十三绝"之一梅巧龄，当年就以擅演《雁门关》中萧太后一角而著称。1914 年 12 月，20 岁的梅兰芳带夫人王明华及长子大永与王凤卿第二次到上海演出，在第二台演出中首先上演的，就是这出在化装上有了新改

第 21 幅：经放大的梅兰芳演出《雁门关》所扮青莲公主人物剧照。

进的《雁门关》。

《雁门关》，一名《八郎探母》，又名《南北和》，讲的是宋、辽金沙滩之战中，杨八郎（延顺）被擒，改名王司徒，与辽公主青莲成婚。宋、辽再次交兵于飞虎峪时，八郎思母欲前往，为青莲所识破。后经口角，青莲谅解了八郎，并代为盗令箭助他出营。八郎探母后欲归，孟良、焦赞责以大义，并盗取其令箭，诈开雁门关，大败辽兵。萧太后知其情欲斩青莲。青莲之妹碧莲求赦，并与青莲同至宋营挑战，为八郎之妻蔡秀英和孟金榜所擒，留在宋营。八郎与青莲私逃，又被蔡秀英追回押禁。原已在辽营的杨四郎向萧太后讨令出战，拟乘机回来，事泄，被萧太后连同其子侄绑至关上欲斩。（图43：第21幅：经放大的梅兰芳演出《雁门关》所扮之青莲公主人物剧照局部）佘太君亦佯绑青莲、碧莲向萧太后示威。八郎哭城，乞求平息纷争，佘太君不听。萧太后恐两个女儿被杀，不得已释放了杨四郎。杨家将乘势攻破辽城，萧太后乃停战乞和。梅兰芳所在《雁门关》中，已不是其祖父所演老旦萧太后一角，而是青衣正角的杨八郎之妻青莲公主。据载，晚年的梅兰芳，已经很少再演《雁门关》这出戏了。"梅氏得意杰作"所收1955年梅兰芳扮演的《雁门关》之青莲公主的老照片，难得地留下了他对传统京剧剧目的继承与见证。

4. 梅兰芳演出《天女散花》所扮天女人物剧照1幅（第22幅）

《天女散花》，是梅兰芳在1917年编演的一出神话剧，也是他早期创演新戏的代表作之一。据载，梅兰芳在朋友家偶见一幅《散花图》，画中的天女风带飘逸、体态轻灵、生动美妙。他联想到敦煌莫高窟壁画中飞天仙女的舞姿及神韵，遂产生了将她化为舞台形象、展现仙女之美的想法，获得齐白石等师友的支持、帮助。

该剧由梅兰芳构想，齐如山编剧，取材于佛经《维摩诘经》，剧名为《天女散花》。它讲的是如来佛祖在灵山讲法，放开佛眼，遥知维摩居士在毗耶离城现身说法时不幸染病，就命文殊菩萨率领诸菩萨、众弟子前往问疾，借此聆听妙法；又命传法旨，派总领群花天女前往维摩处散花，以测验诸菩萨、众弟子是否练习。天女遂率领花奴，携带满贮仙卉的宝篮，乘风驭气而来，历遍大千世界，赏尽天地美景。及至，维摩正参禅说法，言己病皆因大悲而起，众生病则己亦病，以示菩萨与众生有如骨肉之情。天女倾篮散花，顿成五彩缤纷、万紫千红之境；散毕，回归复命。全剧共分为6场，主要为"云路"和"散花"，以歌舞为主。"云路"一场，表现天女在去毗耶离城一路

第22幅：经放大的梅兰芳演出《天女散花》所扮天女人物剧照局部。

笔者所藏民国时期随出售香烟附送的"烟画儿"，由左至右、从上到下依次为：《天女散花》之天女、《嫦娥奔月》之嫦娥、《黛玉葬花》之黛玉和《思凡》之尼姑陈妙常。

上所看到的迷人景物，感慨大千世界的奇妙景观；"散花"则呈现了天女与花奴在曲笛的伴奏下，翩翩起舞、遍散仙卉、满台缤纷、花团锦簇的场面。表演上，梅兰芳把天女服装的水袖取消，改用两条长绸，以武戏的基本功，把长绸抖动起来，舞成各种艺术形态，亦真亦云，意境深邃，给人美的艺术享受。同时，用不同唱腔配合表演，皮黄、昆曲兼用，以助舞姿之美。这种新创造的边唱边舞的长绸舞，既更好地烘托了天女御风而行的美妙形象，也为京剧表演增添了新的表现手法。

《天女散花》于1917年12月在北京吉祥园首演，由梅兰芳扮演天女，姚玉芙扮演花奴，李寿山扮演如来佛，高庆奎扮演文殊菩萨，李寿峰扮演维摩居士。该剧一经演出，立即轰动京城，亦成为梅兰芳古装新戏步入一个新境界的标志之一，载入戏剧史册。1920年，商务印书馆活动影戏部在拍摄无声片《春香闹学》时，也拍摄了《天女散花》一片。只是，这些珍贵的影片全部毁于1932年上海的一·二八战火之中，而老照片集留存的这幅照片里，梅兰芳虽年已61岁，身体略胖，身段与当年也大不一样，中、晚年就不演《天女散花》这部戏了，却仍在双手舞动长袖。这让人依然可以想象出，当年他所扮天女散花时的美丽动人、如诗如画。

5. 梅兰芳演出《生死恨》所扮韩玉娘人物剧照 2 幅（第 23、24 幅）

《生死恨》，又名《韩玉娘》。它是梅兰芳自1932年从北京迁居上海，于1933年在上海天蟾舞台上演创编新戏《抗金兵》3年之后，于1936年2月26日同样在上海天蟾舞台上演的一出创编新戏，可称为《抗金兵》的姊妹篇。它们均为梅兰芳在1931年九一八事变以后、1937年全国抗战前夕改编和演出的，

第 23 幅: 经放大的梅兰芳
演出《生死恨》所扮韩玉娘人
物剧照第 1 幅局部。

都是极具爱国主义思想性和艺术性的代表作。而自此之后, 除
了 1959 年 5 月 25 日, 在北京人民剧场上演创编新戏《穆桂英
挂帅》, 梅兰芳就鲜有新的作品问世了。

《生死恨》的初稿由齐如山根据明代董应翰的《易鞋记》
传奇改编而成, 之后由许姬传执笔整理并更名为《生死恨》。
其剧情说的是: 北宋末年, 金人南犯。士人程鹏举和少女韩玉
娘先后被金兵俘虏, 发配到张万户家为奴, 并在"俘虏婚姻"
制度下结为夫妇。韩玉娘鼓励丈夫逃回故土, 投军杀敌, 被张
万户知道, 把韩玉娘出卖。这对新婚夫妇被迫生离。临别时, 程
鹏举被赶开, 遗落一鞋, 由韩玉娘拾起。程鹏举乘机逃回家乡,
投军报国。后来, 金兵被击退。程鹏举因抗金有功, 升任襄阳
太守, 因思念韩玉娘心切, 派赵寻以鞋为证, 前往原地寻访。
当时, 韩玉娘已历尽磨难, 寄居在义母李家。赵寻到处访问不
到, 正要返回襄阳复命, 不料巧遇韩玉娘。韩玉娘见到鞋, 悲
痛万分, 因而患病。程鹏举闻报赶来, 韩玉娘已卧病不起。夫
妻相见, 抱头痛哭。韩玉娘一恸而终, 患难夫妻遂成永诀。

第 24 幅：经放大的梅兰芳演出《生死恨》所扮韩玉娘人物剧照第 2 幅。

　　梅兰芳所塑造的韩玉娘的艺术形象，无论是圆润的唱腔、优美的身段，还是富有内心情感的眼神和面部表情，都别具魅力。梅兰芳的表演深刻、准确地表现了人物的心理和性格，把京剧艺术美学水平提高到了一个新阶段。而姜妙香、肖德寅、李庆山、李春林、新丽芹、朱斌仙、王少亭、王福庆、何润初等与梅兰芳并称为"名伶十绝"的加盟，更使《生死恨》增色不少。特别是该剧表达的反对侵略、不当亡国奴的思想内涵，更是得到肯定和推崇，从而使老照片集里这两幅《生死恨》之韩玉娘有了更多艺术之外的意义。1948 年 6—11 月，上海华艺公司斥巨资投拍了彩色戏曲电影《生死恨》，受到人们的欢迎。这也是梅兰芳主演的第一部彩色电影，同样书写了中国彩色戏剧电影的历史。

6. 梅兰芳演出《木兰从军》所扮花木兰人物剧照 2 幅（第 25、26 幅）

　　《木兰从军》，是梅兰芳根据古乐府《木兰辞》改编的大型京剧。其剧情是：北魏时，北方的突厥入侵中原，贺廷玉奉旨

第 25 幅：经放大的梅兰芳
演出《木兰从军》所扮花木兰
人物剧照第 1 幅局部。

第 26 幅：经放大的梅兰芳
演出《木兰从军》所扮花木兰
人物剧照第 2 幅。

征兵。陕西的花弧，年老多病，儿子尚幼。其女花木兰女扮男装，代父出征，并解过元帅贺廷玉之危，多次立功，征战 12 年后凯旋，辞官归家。贺廷玉奉旨到她家，花木兰着女装出见，贺延玉才知她是女子。

全剧共 29 场，分头、二本两次演完。1912 年 3 月 17 日，梅兰芳在北京前门外西珠市口第一舞台首演《木兰从军》的头本 15 场戏；3 月 24 日，原班人马续演了《木兰从军》的二本 14 场戏。梅兰芳在剧中扮演花木兰，既唱旦角，又反串小生，六易服装，长枪扎靠，英姿威武。唱段以西皮为主，辅以二黄唢呐腔和昆曲。其中，由《木兰辞》原文编成的昆曲《新水令》和《折桂令》的唱段，非常别致动听。这些演出均轰动一时，使旦行本戏大放异彩。1939 年 2 月，美商中国联合影业公司华成制片厂摄制了梅兰芳主演的电影《木兰从军》，上映后，在"孤岛"上海引起电影界的轰动，并受到观众的热烈欢迎。由阿英主编的《文献》丛刊第 6 期，全文发表了该片的分镜头剧本。1939 年 2 月 17 日出版的《大晚报》上，刊登的 14 位影评人署名的《推荐〈木兰从军〉》一文指出，这部电影"尽可能地透过历史，给现阶段的中国一种巨大的力量，它告诉我们怎样去奋斗，怎样去争取胜利"。这对于抗战时期的中国人民来说，无疑是一个鼓舞。"梅氏得意杰作"所收的这两幅老照片中，梅兰芳饰演的花木兰一身武生装扮，长枪扎靠，英姿勃勃，代父出征，为亿万中国人喜爱的这位巾帼英雄留下了非常美好的形象，同样"给现阶段的中国一种巨大的力量"。

7. 梅兰芳演出《黛玉葬花》所扮林黛玉人物剧照 2 幅（第 27、28 幅）

1916 年 1 月 14 日白天,23 岁的梅兰芳与姜妙香(饰宝玉)、

第27幅：经放大的梅兰芳
演出《黛玉葬花》所扮黛玉人
物剧照第1幅。

路三宝（饰袭人）、姚玉芙（饰紫鹃）、李敬山（饰茗烟），在
北京吉祥园第一次演出了《黛玉葬花》。这是梅兰芳排演的第
一出"红楼戏"，剧本由齐如山、李释戡、罗瘿公等人编写。

　　据载，京剧自清代中叶形成以后，很长一段时间没有"红
楼剧目"。直至光绪年间，北京东城的"遥吟俯唱"票房将"红
楼剧目"搬上了京剧舞台。票友陈子芳、魏跃亭、韩五、韩
六、贵俊卿、王雨田等人，排演了《黛玉葬花》和《摔玉》（即
宝玉初见黛玉的一段情节）。但陈子芳扮演的黛玉只是传统戏
中浓妆穿帔的小姐模样，韩六扮演的宝玉也只是普通的小生扮
相，更谈不上将黛玉的性格和内心世界表现出来，因而不被观
众认可。至此，京剧行家们都不敢轻易上演"红楼剧目"。直

第 28 幅：经放大的梅兰芳
演出《黛玉葬花》所扮黛玉
人物剧照第 2 幅。

至 1915 年 10 月 31 日，梅兰芳在北京吉祥园成功上演第一部
古装新戏《嫦娥奔月》，令人耳目一新，一炮走红的基础上，
决心排演"红楼戏"中的《黛玉葬花》这出新戏。该戏只用
了 3 个月的时间，便由齐如山写出剧本提纲，李释勘编写了唱
词，又经罗瘿公等人讨论、修改，最终定稿、排演，于 1916
年 1 月登上了舞台。首场演出如齐如山晚年所说："好像难餍
众望，但舆论极好。"

这出戏共有 6 场，取材于《红楼梦》第 23 回《西厢记妙
词通戏语，牡丹亭艳曲驽芳心》，并结合《黛玉泣残红》中的
情节。戏中唱词引用《红楼梦》第 5 回的词曲，并作了适当的
修改。剧情是：黛玉夜访宝玉，晴雯拒不开门。黛玉疑是宝玉
故意不见，心里懊恼并痛苦。次日，她来到大观园中，见落花

满地，伤心之余，荷锄葬花，悲哀中赋葬花词。恰在此时，宝玉至，二人表明心迹，言归于好。梅兰芳演出的《黛玉葬花》，除精心设计了服装、道具、布景和灯光外，更在服装、扮相上下了功夫。此时的黛玉不再浓妆和穿帔，"葬花时穿玫瑰紫色的软绸对襟小袄和白色长裙，腰系软纱短围裙，系丝带，两边挂玉珮。回房后，加上一件绣着八个五彩团花的软绸素帔。头上正面梳三个髻，上下叠成品字形，旁边戴珠花和翠花，发式清雅秀丽"。特别是在表演中，梅兰芳根据原著本意，尽力淡化黛玉的弱不禁风和多愁善感，突出刻画黛玉同没落的封建大家庭格格不入的孤傲、倔强，着意表达她深受压抑、束缚而无法排遣的苦闷，以及试图挣断枷锁和对幸福婚姻的向往；加之梅兰芳的载歌载舞，把黛玉寄人篱下的苦闷演绎得栩栩如生，宝、黛的爱情意境优美，亦宛如一首清丽、哀怨的抒情诗，使曹雪芹笔下的黛玉在京剧舞台上重生，而得到业界和观众最大的首肯与赞赏，"大红特红"。如1916年冬天，梅兰芳赴上海演出，先后5场，场场爆满，座无虚席。正如梅兰芳在《舞台生活四十年》中所说，《黛玉葬花》成为当时"叫座能力最大"的一出戏。从老照片集里"梅氏得意杰作"所收的这两幅梅兰芳虽年已花甲，仍在百鸟、百花之中肩扛花锄，演出《黛玉葬花》的老照片，依然可以感受到这部戏在今天所具有的"叫座能力"。

8. 梅兰芳演出《思凡》所扮尼姑人物剧照 2 幅（第29、30幅）

《思凡》是梅兰芳早年常演的一个剧目，取材于清人所编《孽海记》中的一折，是昆曲中的一只著名曲目，讲述的是小尼姑赵色空凡心萌动、思念红尘的故事。昆曲《思凡》剧本的情节是："谓有赵氏女，自孩童之时，为父母舍入尼庵。削去

第 29 幅：经放大的梅兰芳演出《思凡》所扮尼姑人物剧照第 1 幅局部。

八千烦恼丝，做佛门弟子。及至情窦初开，始悔空门之中，不足以结善缘，并不足以证善果。于是晨钟暮鼓，辗转愁思。礼忏唪经，反增魔道。入夜来僧房寂寞，对此半明半灭之孤灯，更难消释。左盘算，右盘算，九转回肠：计惟觅一如意郎君，度少年大好之光阴，结我善缘，证我善果，且可举我善愿。正值庵中一切优婆塞优婆夷等，均有事他往，遂逃下山去。"

昆曲及《思凡》一剧，与梅兰芳家有着几代的渊源，正如梅兰芳所说："我祖父梅巧龄在杨三喜那里学习，最初学的都是昆戏，如《思凡》、《刺虎》、《折柳》、《剔目》、《赠剑》、《絮阁》、《小宴》等；我祖母的娘家从陈金爵先生以下四代，都以昆曲擅长；我演戏的路子，还是继承祖父传统的方向。他是先

第 30 幅：经放大的梅兰芳演出《思凡》所扮尼姑人物剧照第 2 幅。

从昆曲入手，后学皮黄的青衣、花旦。我是由皮黄青衣入手，然后陆续学会了昆曲里的正旦、闺门旦、贴旦。我第一次出台十一岁，在戏里串演的就是昆曲《长生殿·鹊桥密誓》里的织女。这是因为昆曲的历史最悠远，早在皮黄创制以前，就已在北京城里流行；昆曲对身段、表情、曲调的要求非常严格，这种基本技术的底子打好了，再学皮黄，就省事得多。所以，很早就拜乔（蕙兰）名师学习昆曲，一口气就学会了三十几出，其中大部分是由乔蕙兰老先生教的，在民国四年就开始演唱了。以后经常演出的剧目有：《白蛇传》中的两折《水斗》和《断桥》，饰白蛇；《孽海记》中的一折《思凡》，饰赵色空；《牡丹亭》中的三折《闹学》，饰春香）；《游园》和《惊梦》，饰杜丽娘；《风筝误》中的四折《惊丑》、《前亲》、《逼婚》、《后亲》，饰俊小姐；《西厢记》中的两折《佳期》和《拷红》，饰红娘；《玉簪记》中的三折《琴挑》、《问病》和《偷诗》，饰陈妙常；《金雀记》中的四折《觅花》、《庵会》、《乔醋》和《醉圆》，饰井文鸾；《狮吼记》中的三折《梳装》、《跪池》和《三怕》，饰柳氏；《南柯梦》中的一折《瑶台》，饰金枝公主；《渔家乐》中的一折《藏舟》，饰邬飞霞；《长生殿》中的两折《鹊桥》和《密誓》，饰杨玉环；《铁冠图》中的一折《刺虎》，饰费贞娥；《昭君出塞》，饰王昭君；《奇双会》，饰李桂枝。"其中，《水斗》、《断桥》、《思凡》、《琴挑》、《闹学》、《刺虎》、《游园惊梦》、《奇双会》等，成为梅兰芳戏曲艺术的代表剧目。

男怕《夜奔》、女怕《思凡》是昆曲界的一句行话，即林冲的《夜奔》和赵色空的《思凡》是昆曲中武生与旦角最难演的戏。特别是演员对《思凡》中少女思春这个分寸拿捏不准、表演粗俗，稍不留意，就会使天真烂漫的少女下滑到荡妇思春的境地。而《思凡》作为梅兰芳向昆曲名师乔蕙兰学习的第一出昆曲，经过加工、改造，亦成为"梅氏得意杰作"之一。该剧之难，首先在于从始至终由一人独演，小尼姑赵色空从出场到下场始终是一人载歌载舞，没有片刻放松或歇息的机会。此外，由梅兰芳饰演的赵色空，具有既是小尼姑（出家之人），又是二八少女（思凡之人）的双重身份，整个戏剧冲突由她一人在此展开。一句"小尼姑年方二八，正青春，被师傅削了头发"，道出了其身份、年龄，浅显明白、通俗易懂，表达了唱词方面的俗白与含蓄；而唱腔上的柔曼与直快，让一位处于青春年华、凡心萌动的"美少女"小尼姑，思凡之心既动，压抑已久，一吐为快的内心情感和人物性格得以展现。特别是梅兰芳许多优美的舞蹈动作，包括被后人称绝的"佛舞"，更是以其独特的舞蹈艺术魅力，使戏中人物的内心世界得以充分表达，亦使高雅与俗白相得益彰、精妙绝伦。著名学者林语堂曾在《吾国与吾民》一书中，称赞京剧《思凡》"其文辞堪当中国第一流作品之称而无愧色"。老照片集里"梅氏得意杰作"所收的这两幅"演出《思凡》之尼姑"的老照片，今天依然可以让人感受到其俗白与高雅以及"第一流作品之称"。

9. 梅兰芳演出《抗金兵》所扮梁红玉人物剧照 3 幅（第 31—33 幅）

《抗金兵》是梅兰芳在 1932 年迁沪之后，与其好友叶恭绰商议编演的一出自九一八事变之后含有抗战意义的新戏，是 1936 年 2 月上演的《生死恨》的姊妹篇，都是梅兰芳充满爱国主义精神的代表作。《抗金兵》经梅兰芳、叶恭绰、许姬传等人共同起草和三四个月时间的排练，于 1933 年 3 月在上海天蟾舞台首演成功，反响十分强烈，对当时人民的抗战情绪起了很大的鼓舞作用。

第31幅：经放大的梅兰芳演出《抗金兵》所扮梁红玉人物剧照第1幅。

《抗金兵》是一出传统的京剧剧目，一名《战金山》，又名《娘子军》、《黄天荡》，取材于《宋史·韩世忠本传》、《双烈记》传奇及《说岳全传》第43至44回。原为武旦戏，梅兰芳等人根据老本加以创编、演出。其剧情主要是：南宋时，金兀术带兵南侵。宋将韩世忠及其夫人梁红玉定下反守为攻的大计，在润州一带联合邻镇守将，并获义民协助，与金兵大战。双方在金山江面上展开战斗。韩世忠元帅身先士卒，梁红玉夫人亲自播鼓助战，大败金兵，最后把金兀术的兵马诱入黄天荡围困歼灭，获得抗金大捷。该剧由梅兰芳饰梁红玉，林树森饰韩世忠，王少亭饰岳飞，金少山饰牛皋，姜妙香饰韩沿德，刘

被选作宣传用剧照的第32幅：经放大的梅兰芳演出《抗金兵》所扮梁红玉人物剧照第2幅。

被选作宣传用剧照的第32幅：经放大的梅兰芳演出《抗金兵》所扮梁红玉人物剧照第2幅局部。

连荣饰金兀术，萧长华饰朱贵。全剧共分18场。梅兰芳饰演的梁红玉雍容高贵、优雅大气、出神入化。其中，《许婚从军》的唱段和《擂鼓助阵》的擂鼓表演尤为精彩，梅兰芳深厚精湛的"唱念做打"功夫，得到全面的展现和发挥，令人叹为观止。其服饰、扮相更是令人叫绝：首场梳大头、穿绣帔，一派夫人气概；后场扎大靠（大靠，即戏曲舞台上女将、女统帅所穿的战服）、插雉尾，一派大将风度，始一出场，便令观众眼前一亮，并扎根于观众心中，久久不能忘怀。老照片集里历经了一个甲子岁月的这3幅"梅氏演出《抗金兵》之梁红玉"一派飒爽英姿的老照片，仿佛又将人们带回了当年这位巾帼英雄家喻户晓、人人皆知、令人追捧的那个时代，同样令人难以忘怀。

第 33 幅：经放大的梅兰芳演
出《抗金兵》所扮梁红玉人物剧
照第 3 幅。

（四）梅兰芳生平生活照 9 幅

　　这 9 幅照片共 3 页，除去 3 幅翻照底片的外，其余 6 幅为
1955 年拍摄影片《梅兰芳的舞台艺术》时的原作。9 幅照片中，
1 寸的 1 幅，2 寸的 2 幅，3 寸的 5 幅。其内容分为 4 部分：一
是梅兰芳在抗战时期的留须照 1 幅（第 34 幅），二是梅兰芳在
与齐白石等画家在家中闲谈照 2 幅（第 35、36 幅，第 36 幅缺
失），三是梅兰芳在北京护国寺街家中练武功、舞剑、练掌照
4 幅（第 1—4 幅），四是梅兰芳在与苏联戏剧大师斯坦尼斯拉
夫斯基和英国喜剧演员卓别林的合影（第 37、38 幅）。9 幅照
片均附有简短的文字说明。9 幅照片记录下了抗战时期梅兰芳

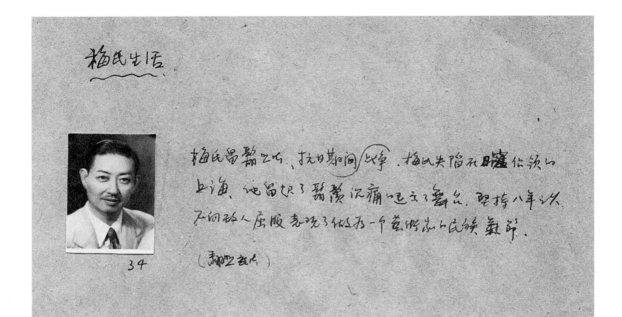

第 34 幅：原大翻拍的梅兰芳
留须照及文字说明。

拒绝与敌伪合作、蓄须明志的爱国主义情怀和民族气节；记录
下了梅兰芳与著名书画家的往来，以及精于绘画、武术等"戏
外功"的情形；也记录下了梅兰芳与国外艺术家的交往、友谊，
以及为中国戏剧艺术在世界上传播所作出的贡献。所有这些，
都为梅兰芳几十年的舞台艺术增添了别样的华美篇章。

1. 梅兰芳抗战时期的留须照 1 幅（第 34 幅）

这是一幅 1 寸的翻拍黑白照片，旁边注有说明："梅氏留
须照片。抗日战争期间，梅氏失陷在日寇占领的上海。他留起
了胡须，沉痛地退出了舞台，坚持八年之久，不向敌人屈服，
表现了做为一个艺术家的民族气节。"梅兰芳蓄须明志的故事，
长期以来传为佳话。据《梅兰芳年谱》载：梅兰芳于 1938 年
年初，携家眷和剧团演职员再次赴香港演出，全家留居香港；
1941 年，蓄须明志，息影舞台；1942 年夏，由香港返回上海，

第34幅：经放大的梅兰芳蓄须明志的老照片。

国家邮政总局、澳大利亚金币公司在2007年年初发行的国粹——梅兰芳舞台艺术金银币·邮卡全集主打金币上，梅兰芳的蓄须明志照。

笔者所藏1927年唐世昌等人编辑的《梅兰芳》摄影集所收梅兰芳当年的摄影照，"加"上胡须后和"蓄须明志照"似乎最为相像。

从此，杜门谢客；1945年10月，重新登台，在上海美琪大戏院与俞振飞合作，演出了昆曲《断桥》、《游园惊梦》等剧目。对于梅兰芳蓄须明志、坚拒为日伪演出的高尚的爱国主义精神，著名戏剧家田汉曾赋诗一首赞之："八载留须罢歌舞，坚贞几辈出伶官。轻裘典去休相虑，傲骨从来耐岁寒。"这幅留须照上，年近50岁的梅兰芳，身着浅色西服、白色衬衣，扎领带，面带微笑之中略显忧郁；眉清目秀之中，上唇的小胡子格外醒目；一副日常生活的形象，与穿上戏装的梅兰芳判若两人，但眉宇之间仍不失英武和俊秀。至于这幅蓄须明志照为何人所摄、翻拍于何处，未见记载，不得而知。只是，现今见到的一些梅兰芳蓄须明志照，与老照片集里所收的这幅"梅氏生活"翻拍照还略有不同，不知是何缘故，是否有着几个不同的版本？但不论怎样，它们都记录下在那样一个国土沦亡的岁月里，一个艺术家所表现出的爱国情怀和气节。这并不是每一个"艺术家"都可以做到的，仅此一点，梅兰芳的舞台艺术就更加显得光彩照人。

2. 梅兰芳在家中与齐白石等画家闲谈照 2 幅（第 35、36 幅）

其中，第 36 幅缺失，与第 35 幅的文字说明一样，同为"梅氏和画家在一起闲谈"；另注：该幅照片还有"另一张彩色底片，选用剧照"。

第 35 幅照片的文字说明为："梅氏和画家在一起闲谈（他曾向齐白石学画）。"并注明照片上的每位人物：右起第一人为梅兰芳，"右起第二人为齐白石老先生，右起第三人为汪蔼士先生，右起第四人为陈半丁先生"。第 36 幅缺失照片的文字说明为："同上，梅齐近景"。

关于梅兰芳学画及与画家的交往，朱家溍在《梅兰芳年谱未定草》中曾作这样的记载：1915 年，21 岁的梅兰芳"从本

第 35 幅：原大的梅兰芳和画家齐白石、汪蔼士、陈半丁在一起闲谈的照片。

年起开始学画，罗瘿公介绍名画家王梦白先生，每星期一三五来教。从而结识画家陈师曾、金拱北、姚茫父、汪蔼士、陈半丁、齐白石诸先生。并与收藏家朱翼庵先生订交，广泛观赏书法名画和古器物"。之所以结识这些书画名家及收藏家朱翼庵，学习书画和观赏书法、名画及古器物等，梅兰芳在《舞台生活四十年》中作了自叙："对于戏曲艺术有声息相同的地方：因为中国戏剧在服装、道具、化装、表演上综合起来可以说是一幅活动的彩墨画。我很想从绘画中吸取一些对戏剧有帮助的养料。"道出了结识画家、学习书画及与收藏家订交的初衷。

朱家溍在这里所说的各位名家，都是当时中国书画界的"大名头"。而朱翼庵正是朱家溍的父亲，为民国时期最著名的金石学家和大收藏家之一。

1915 年，最初教梅兰芳学画的王梦白，是当年与齐白石、陈师曾、吴昌硕等人齐名的著名画家。1919—1924 年间，王梦白由陈师曾推荐，任国立北京美术专门学校（国立北平艺术专科学校）中国画系主任、教授。王梦白擅长花卉、翎毛，喜写生，尤擅画猴。王雪涛是他的得意弟子。1924 年，梅兰芳 30 岁生日时，王梦白曾与凌植支、姚华、陈师曾、齐白石等人一起在梅宅合作绘画，画了一只张嘴的八哥，栩栩如生，成为梅兰芳最珍爱的绘画作品之一，张挂于书房。王梦白曾于 1929 年赴日本举办个人画展；40 岁以后寓居天津，贫穷潦倒，46 岁辞世。

陈师曾（1876—1923），又名衡恪，民国时期著名的美术家和艺术教育家。他是湖南巡抚陈宝箴之孙、著名诗人陈三立之子、历史学家陈寅恪之兄，曾留学日本，攻读博物学，归国后从事美术教育工作；1913 年，到北京，在多所美术专门学校任国画教授；1920 年，与周肇祥等人发起成立中国画学研究会；1922 年，赴日参加中日绘画联合展览。陈师曾是吴昌硕之后革新文人画的重要代表，擅诗文、书法，尤长于绘画、篆刻，著有《中国绘画史》、《中国文人画之研究》、《染苍室印存》等。1923 年 9 月 12 日陈师曾病逝于南京，享年 48 岁。

金拱北（1878—1926），又名金绍城，为近代著名画家，影响民国时期的北方画坛甚深。陈宝琛在《金绍城墓志铭》中说："时盛京内库及热河行宫所藏，就武英殿陈列，餍众观赏，中多世所稀见名迹。金（绍城）日携笔砚坐卧其侧，临摹殆遍。民国九年（1920），创立中国画学研究会于故都，入会者二百余人，凡经指授，无不卓然成家。日本诸画室均来华造访，并乞画焉，遂有中日绘画联合展览会之设。"1926 年，金拱北偕画家陈师曾等人赴日本东京、大阪等地举办绘画展览，受到日本艺术界的热烈欢迎；归国到上海后，突患伤寒病，医治无效，于 1926 年 5 月病逝，终年 49 岁。金遗著有《北楼论画》、《藕湖诗草》等。

姚茫父（1876—1930），清光绪时期的进士，后留学日本，民国成立后曾出任北平女师、艺专校长。他多才多艺，诗文词曲、碑版古器及音韵考据等无不精通；擅画山水、花卉，擅书篆、隶、真、行，造诣高深。姚茫父一生作品甚丰，有《弗堂类稿》31 卷行世。他与陈师曾因人品、学问及诗、书、画、印"四全"，而被时人并称为"姚陈"，是民国初年北京公认的"画坛领袖"。鲁迅评说："北京书画笺大盛则在民国四、五年后之（陈）师曾、（姚）茫父……时代"。郭沫若则称赞姚茫父首创的"颖拓"（"颖拓"，即把要拓的原物放在一边，看着原物拿笔蘸墨，在纸上画、抹、点、拓而成，作品与原物在似与不似之间），"实古今来别开生面之奇画"，精妙绝伦，玄奇空灵，使人叹为观止。

第 35 幅：经放大的梅兰芳和画家齐白石、汪蔼士、陈半丁在一起闲谈的照片。

汪蔼士（1869—1960），江苏丹阳人，年少时即能诗、擅画，被当地人称赞为奇才；中年后寓居北京，成为职业画家。他擅长文人画，尤擅画梅，自创画法，自成一家，被齐白石称为"近代画梅第一人"。1923 年，陈师曾为汪蔼士所画梅花订"润例"时，在亲笔手书中称赞："丹阳汪君蔼士画梅，夙驰声誉，其秀健之笔与花传神，正所谓软寒清晓，如行孤山篱落间。"汪蔼士与人为善，喜交画友，与陈师曾、陈半丁、胡佩衡、王梦白、于非 、溥心畬等著名画家来往甚密，与齐白石更是莫逆之交。而梅兰芳向汪蔼士学习画梅，亦是经齐白石介绍。汪蔼士一生爱梅、植梅、咏梅、痴心画梅，始终不厌，将梅品、人品融汇在一起。他于1960年病逝，享年九十有一。

陈半丁（1876—1970），著名画家，浙江绍兴人。他从小父母双亡，家境贫寒；15岁当学徒时接触笔墨，即"嗜书画入骨，饥饿犹不顾也"；20岁时赴上海，与任伯年、吴昌硕相识，后拜吴昌硕为师；40岁后到北京，初就职于北京图书馆，后任教于北平艺术专科学校。陈半丁擅画花卉、山水、人物、走兽，以写意花卉最为知名，尤以花鸟画的造诣最高，且长于书法、治印。20世纪初，他就驰名北方画坛，是京津画派的典型代表人物，有《陈半丁画集》、《陈半丁花卉画谱》行世。

齐白石（1864—1957），是人们最为熟悉的近代中国最著名的国画家和艺术大师之一。他家道贫困，只读过短暂的私塾，15岁起从师学木工而以雕花手艺闻名，26岁转从萧芗陔、文少可学画像，27岁始从胡沁园、陈少蕃习诗文书画，37岁拜硕儒王闿运为师，自40岁起离乡出游，五出五归，遍历陕、豫、京、冀、鄂、赣、沪、苏及两广等地，饱览名山大川，广结当世名人。齐白石55岁时避乱北上，两年后定居北京。他主张艺术"妙在似与不似之间"。齐白石于衰年变法，绘画师法徐渭、朱耷、石涛、吴昌硕等人，形成独特的大写意国画风格，开红花墨叶一派，尤以瓜果菜蔬、花鸟虫鱼为工绝，兼及人物、山水，名重一时，与吴昌硕共享"南吴北齐"之誉；并以纯朴的民间艺术风格与传统的文人画风相融合，达到了中国现代花鸟画的最高峰。除此，齐白石的画、印、书、诗，人称第 35 幅：经放大的梅兰芳和齐白石在一起闲谈的近景照片。

四绝。他一生勤奋，砚耕不辍，自食其力，品行高洁，留下画作 3 万余幅、诗词 3000 余首、自述及其他文稿并手迹多卷。民国时期，齐白石曾任国立北平艺术专科学校名誉教授、北平美术作家协会名誉会长。1925 年，齐白石 61 岁时，梅兰芳正式向他拜师学画，共同走过了一位戏剧大师、一位书画大师携手 30 余年，亦师亦友的不平凡岁月。齐白石在 1957 年 9 月 16 日病逝于北京，享年九十有四。

朱翼庵（1882—1937），浙江萧山人，幼入县学，清光绪末年贡生；后赴英国留学，于牛津大学研习经济学；回国后，任财政部盐务署署长。故宫博物院成立后，朱翼庵被聘为专门委员会委员，负责鉴定故宫所藏古代书画、碑帖及古器物，是民国时期著名的藏书家和文物收藏家。他有藏书近 4 万册，其中古籍善本近 2 万册。朱翼庵因藏有《张文昌文集》、《李长吉文集》、《司空表圣文集》、《许用晦文集》、《郑守愚文集》、《孙可之文集》6 种唐人文集，而命名其藏书处为"六唐人斋"。

笔者所藏 1927 年唐世昌等人编辑的《梅兰芳》摄影集所收 1921 年梅兰芳 27 岁时的画作《菊花》。

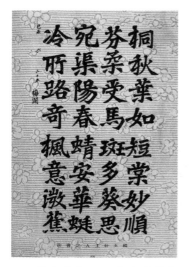

笔者所藏 1927 年唐世昌等人编辑的《梅兰芳》摄影集所收 1919 年梅兰芳 25 岁时的书法作品。

他还有古拓善本碑帖 700 余种，因藏有北宋初拓欧阳询的《九成宫醴泉铭》，斋号曰"欧斋"。朱翼庵另藏有南唐及宋代的 5 件世上极品等历代名人画作及各类文物，并有《欧斋石墨题跋》等著作传世。从朱家溍根据其父所藏编著的《六唐人斋藏书录》、《欧斋藏帖目录》和《介祉堂藏书画器物录》中的记录便知，朱翼庵的收藏是何等的丰富，他又是何等的收藏家和鉴赏家。新中国成立后，朱翼庵的夫人及儿子根据他的遗愿，将 2 万余册古籍、700 余种古拓善本碑帖以及宋元书画、明清紫檀木家具和其他珍贵文物，分 3 次无偿捐赠给国家，是新中国成立以来捐赠文物数量最多、质量最好的，受到各方赞扬。

而正是向这些亦师亦友的书画名家及收藏家的学习与交往，使梅兰芳得到多方面的"戏外功"，与成就他的舞台艺术达到那个时代所能达到的巅峰，是有着密切关联的。这幅梅兰芳与齐白石、汪蔼士、陈半丁等老师老友闲谈的老照片，留下了这样一段戏剧家与美术家相互交融、相互提携的史话和见证。只是第 36 幅《梅齐近景》的缺失，给人留下了不小的遗憾。

3. 梅兰芳在北京护国寺街家中练武功、舞剑、练掌照 4 幅（第 1—4 幅）

这 4 幅照片均为 3 寸黑白照片，其中第 1 至 3 幅为梅兰芳练武功、舞太极剑照（内有 1 幅是与他人练习剑法）。其注均为："梅先生练武功，舞剑（太极剑），被选用宣传剧照"。第 4 幅为梅兰芳与他人练掌照，上注："练掌"。4 幅照片上均注"梅先生练武功（在家中，护国寺街）"。练习武功，特别是练好其中的剑法，同书画一样，也是梅兰芳一生必不可少的"戏外功"。而他极有根底的武功，构成梅派艺术的重要组成部分。梅兰芳的武功老师，就包括上面所述他的琴师茹莱卿。茹莱卿

第 1 幅：经放大的梅兰芳在北京护国寺街家中舞李氏太极剑"凤凰展翅"招式的照片。

在 40 岁后，拜梅兰芳的伯父梅雨田为师，改习胡琴，后专为梅兰芳操琴。在此之前，茹莱卿是京城与俞菊笙齐名的著名武生。由此，梅兰芳在《舞台生活四十年》一书中特别说到，他的武功和把子功即茹莱卿所授。其《木兰从军》中的许多优美身段，就是茹莱卿根据《乾元山》里哪吒的演技设计、变化而

第1—4幅：原大的梅兰芳在北京护国寺街
家中练武功（李氏太极剑）的照片。

第 2 幅：经放大的梅兰芳在北京护国寺街家中舞李氏太极剑的照片。

来。《穆柯寨》亦得自茹莱卿的指点。在这出戏中，梅兰芳第一次紧紧地扎上一身靠，背上四面靠旗，一出场亮相便很有气派，给观众一种全新的感受。据载，梅兰芳的武功，特别是剑术，来自几位名师的传授与指点。其中，梅兰芳扮演虞姬时所舞的剑法，为京城最著名的会友镖局中最杰出的镖师李尧臣所传授；梅兰芳得心应手的太极剑，为武学泰斗高紫云所授；而

第 3 幅：经放大的梅兰芳在北京护国寺街家中与武术教习高瑞周舞李氏太极剑的照片。

梅兰芳经常练习的太极拳和太极推手，则是近代武术名家李瑞东宗室的入室弟子，曾创立汇通武术研究社、担任梅兰芳武术教习的高瑞周亲传的李氏太极拳。梅氏生活之《梅先生练武功》4 幅照片中的第 4 幅《练掌》，就是梅兰芳与武术师高瑞周在家中练太极拳推手时留影；被选作剧照的第 1 幅《梅先生舞太极剑》，就是梅兰芳在家中演练高瑞周亲传的李氏太极剑"凤凰展翅"招式的留影，后被收入了《梅兰芳先生诞辰一百周年的纪念画册》；其余的第 2 幅和第 3 幅，与上述两幅均可在影片《梅兰芳的舞台艺术》中见到其流动的瞬间。而这 4 幅老照片，将梅兰芳舞台艺术的"戏外功"永远定格在人间。

4. 梅兰芳与苏联戏剧大师斯坦尼斯拉夫斯基和英国喜剧演员卓别林的合影（第 37、38 幅）

这 2 幅照片，均为翻照的 2 寸黑白照片。第 37 幅的文字说明为："梅氏曾在苏联与戏剧大师斯丹（坦）尼斯拉夫斯基结下不朽的友谊，这是他们的合影。"第 38 幅的文字说明为："梅氏和英国的喜剧演员卓别麟（林）交流着艺术家的友情，这是他们的合影。"这两幅 60 年前的翻拍照，记录与见证了梅兰芳作为把京剧艺术这一国粹介绍到国外的先驱者和"艺术使节"，为促进中国与各国进行文化交流所作出的贡献，以及与世界艺术大师的交往和友谊。

第 4 幅：经放大的梅兰芳在北京护国寺街家中与武术教习高瑞周练李氏太极拳推手时的照片。

梅氏曾与苏联话剧大师
斯丹尼拉夫斯基结下不朽
的友谊，这是他们的合影。

（翻巴衣他）

37

梅氏和英国的喜剧演员
卓别麟交流着艺术家的友情
这是他们的合影。

（翻拍）

38

第37、38 幅：原大翻拍的
梅兰芳与苏联戏剧大师斯坦尼
斯拉夫斯基和英国喜剧演员
卓别林的合影照。

据《梅兰芳年谱》记载：梅兰芳一生应邀出访 10 余次，
先后到访过日本、美国、苏联、英国、德国、意大利、埃及、
印度、朝鲜等国。1919 年 4 月 21 日至 5 月 27 日，应日本帝
国剧场邀请，他偕同喜群社赴日演出。这是中国京剧演员第一
次出现在外国舞台上。他们先后在东京、大阪、神户等地演
出，受到热烈欢迎。1924 年 10 月 9 日至 11 月 22 日，梅兰芳
应日本帝国剧场社长邀请，第二次访问日本，先后在东京、大
阪、京都等地演出，《廉锦枫》和《虹霓关》中的《对枪》还
被拍成电影。1930 年 1 月 18 日至 7 月，梅兰芳率承华社剧团
部分演员，经日本横滨、加拿大维多利亚赴美国演出，先后在

第37幅：经放大的梅兰芳
与苏联戏剧大师斯坦尼斯拉夫
斯基的合影。

西雅图、芝加哥、华盛顿、纽约、旧金山、洛杉矶、圣地亚
哥、檀香山等地演出 72 场。一时间，中国京剧艺术风靡美国。
美国波摩拿学院、南加利福尼亚大学分别授予梅兰芳文学荣誉
博士学位。《刺虎》被拍成有声电影新闻片，这是中国第一部
有声戏曲电影。1935 年 2 月 21 日至 4 月 21 日，梅兰芳率剧
团赴苏联演出、访问，在莫斯科和列宁格勒共演出 8 场。在
苏联，他先后与大文豪高尔基、戏剧大师斯坦尼斯拉夫斯基、
阿·托尔斯泰，以及当时正在苏联的英国作家萧伯纳、德国戏
剧家布莱希特及皮斯卡特尔等人会面并结识。梅兰芳还于同年
4 月至 8 月，赴波兰、德国、法国、比利时、意大利、英国等
国进行戏剧考察，后途经埃及、印度回国。而在新中国建立之
初，梅兰芳又有两次重要的出访：1952 年 12 月，出席了在奥
地利首都维也纳举行的世界人民和平大会，回国途中又经苏联
首都莫斯科作短暂访问和演出；1956 年 5 月 26 日至 7 月 16 日，
应日本朝日新闻社等团体邀请，在周恩来总理直接关心和帮助
下，由梅兰芳任团长，组建了阵容强大的访日京剧代表团，在

第38幅：经放大的梅兰芳
与英国喜剧演员卓别林的合影。

东京、九州、大阪、京都、名古屋等地演出，这也是梅兰芳
第3次访问日本。除去这些出访之外，梅兰芳还在国内接待了
一些国际友人的来访：如1924年10月，在北京接待了印度著
名诗人、作家泰戈尔，在开明戏院为他专门演了一场《洛神》。
1926年10月，在北京接待了访华的瑞典王储夫妇，在家中为
他们演出了《琴桃》和《霸王别姬》中"舞剑"一场。从此，
双方结下深厚友谊，等等。所有这些，都为中国京剧艺术走向
世界作出了努力和贡献。这两幅梅兰芳与斯坦尼斯拉夫斯基和
卓别林的合影，记录下其中的片段和故事。

（五）梅兰芳、周信芳舞台生活50年纪念会留影7幅

这7幅照片共3页，全部为1955年4月11日召开梅兰芳、
周信芳舞台生活50年纪念会时所拍摄的原作，也是电影《梅
兰芳的舞台艺术》中的内容之一。7幅照片均为3寸的黑白照片。
第1页照片上方注有："梅兰芳、周信芳舞台生活五十年纪念。

文化部、文联、戏剧家协会联合主办。1955 年 4 月 21 日。北京天桥剧场。"这里记载的举行日期应为 1955 年 4 月 11 日。据 1955 年 3 月 28 日出版的《光明日报》题为《梅兰芳、周信芳舞台生活五十年纪念会改期》的报道可知："中国文学艺术界联合会与中国戏剧家协会联合主办的梅兰芳、周信芳舞台生活五十年纪念会原定由三月二十八日起在京举行，为更隆重地纪念梅兰芳、周信芳对人民艺术事业的贡献，决定由文化部参加主办，并将日期改为四月十一日起举行。"它传递出这次纪念活动将由官方主办的信息。

在 7 幅纪念会的照片中，1 幅为"梅、周（乘车）到会

笔者所藏 1927 年唐世昌等人编辑的《梅兰芳》摄影集所收梅兰芳于 1926 年 10 月，在北京家中接待瑞典王储夫妇等人时的合影。

　　1955 年 3 月 28 日《光明日报》关于梅兰芳、周信芳舞台生活 50 年纪念会改期的报道。

梅蘭芳、周信芳舞台生活五十年紀念會改期

中國文學藝術界聯合會與中國戲劇家協會聯合主辦的梅蘭芳、周信芳舞台生活五十年紀念會原定由三月二十八日起在京舉行，爲更隆重地紀念梅蘭芳、周信芳對人民藝術事業的貢獻，決定由文化部參加主辦，並將日期改爲四月十一日起舉行。

场"，受到人们夹道欢迎的情景。5 幅为纪念会召开时的情景，包括：（1）大会主席台全景及阳翰笙主持会议并致开会词；（2）在大会主席台第一排就座的领导及梅兰芳和周信芳，自右起先后为：中国戏剧家协会主席田汉、文化部副部长钱俊瑞、梅兰芳、周扬、文化部部长沈雁冰、周信芳、文化部副部长夏衍、中国戏剧家协会常务理事阳翰笙；（3）梅兰芳致答词；（4）周信芳致答词，这幅照片被选作宣传用；（5）梅兰芳、周信芳接受各界献花、献礼。另 1 幅为梅兰芳与前来祝贺的学生们交谈现实主义的表演方法。它们具体记录了纪念会的一些主要场景和某些细节。关于这次纪念会召开的情景，1955 年 4 月 12 日，各主要报刊都作了报道。《光明日报》以《梅兰芳、周信芳舞台生活五十年——首都文化界隆重举行纪念会》为题作了详细报道，具体介绍了纪念会的议程及热烈的场面：

　　四月十一日下午，首都文化界在天桥剧场隆重举行了梅兰芳、周信芳舞台生活五十年纪念会。纪念会由中华人民共和国文化部、中国文学艺术界联合会、中国戏剧家协会联合主办

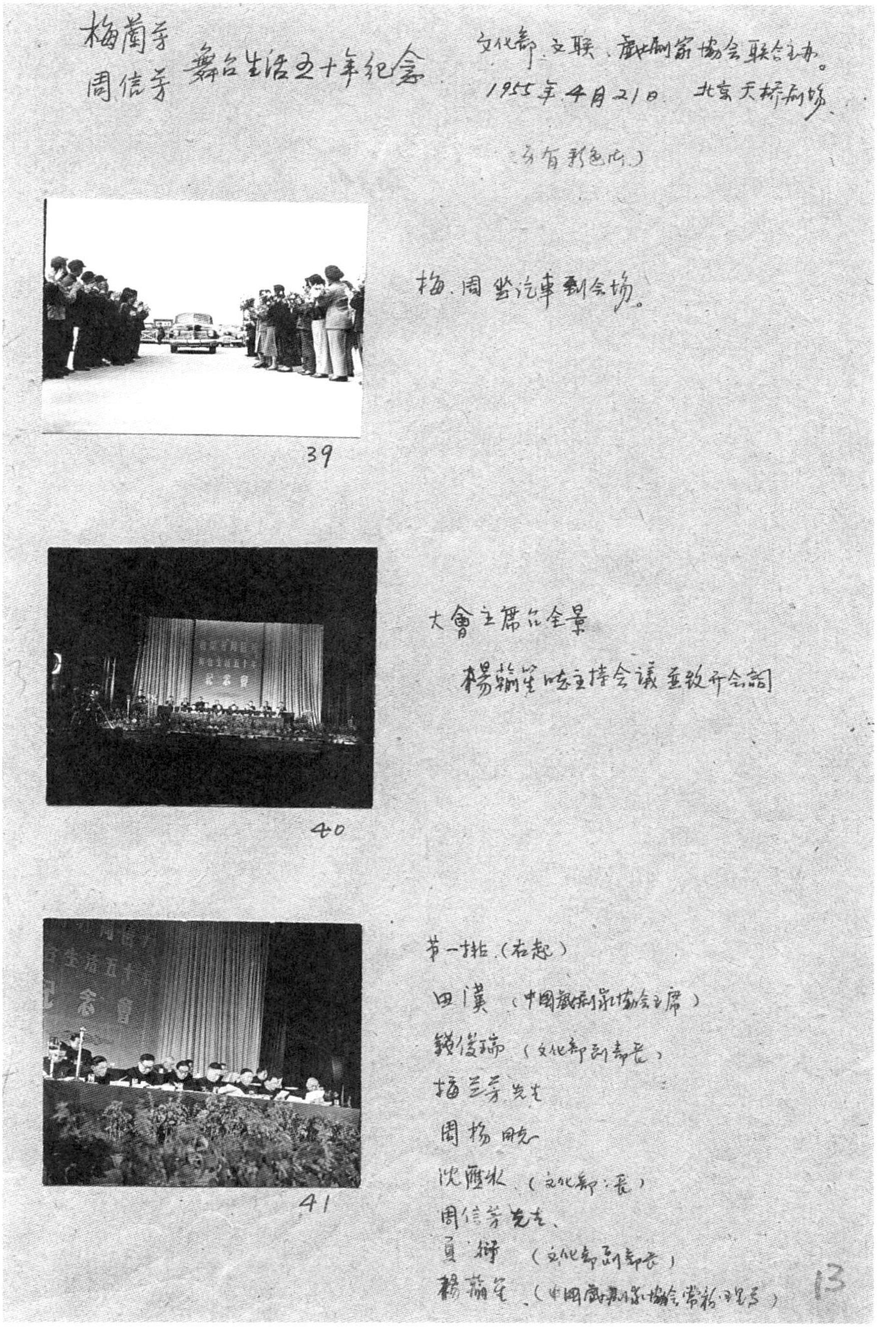

梅兰芳
周信芳　舞台生活五十年纪念

文化部、文联、戏剧家协会联合主办。
1955年4月21日　北京天桥剧场。

（另有彩色版。）

梅、周坐汽车到会场。

39

大會主席位全景

楊翰笙代表主持会议並致开会詞

40

第一排（右起）

田漢（中国戏剧家協会主席）

錢俊瑞（文化部副部长）

梅兰芳先生

周揚同志

沈雁冰（文化部长）

周信芳先生

夏衍（文化部副部长）

楊翰笙（中国戏剧家協会常务、書记、理事）

41

第39—41幅：原大的梅兰芳、周信芳舞台生活50年纪念会之梅兰芳、周信芳乘车到达会场和大会主席台全景及第一排就座人员照各1幅。

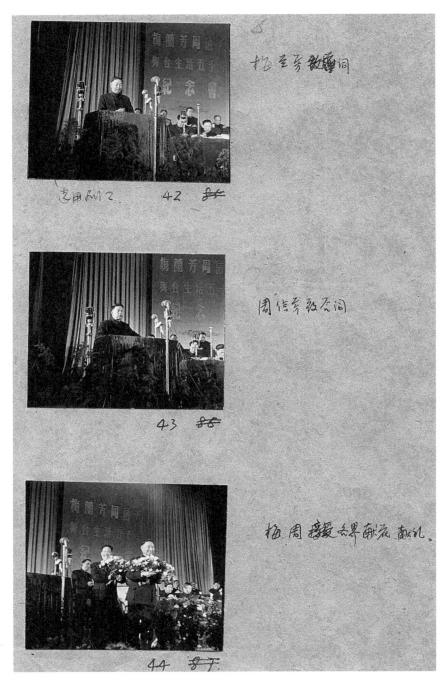

梅兰芳致答词

周信芳致答词

梅、周接受各界献花、献礼。

第42—44幅：原大的梅兰芳、周信芳舞台生活50年纪念会之"梅兰芳致答词"、"周信芳致答词"和"梅、周接受各界献花、献礼"照。

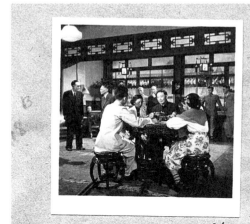

梅氏 老友和学生们为他举办九届
五庆纪念, 来祝贺. 前为梅氏
与学生们交谈 现实主义表演
方法.

45

第45幅：原大的梅兰芳与
前来祝贺的学生们交谈现实主
义的表演方法照。

的，参加纪念会的有首都的文学、戏剧、电影、美术、音乐、
舞蹈、曲艺等各界人士一千四百多人。参加纪念会的还有在我
国的苏联艺术专家茹拉夫尼约夫、列斯里等，日本著名戏曲演
员中村翫右卫门，各国驻我国使馆文化参赞和各国记者。纪念
会的主席团由沈雁冰、周扬、钱俊瑞、夏衍、田汉、欧阳予
倩、老舍、阳翰笙、洪深、曹禺、程砚秋、萧长华、马彦祥、
张庚等组成。当梅兰芳和周信芳由主席团陪同登上主席台的时
候，全体掌声向他们致敬。

纪念会由中国文学艺术界联合会秘书长阳翰笙致开会词。
他在讲话中，对梅兰芳、周信芳的艺术成就、爱国主义精神和
道德品质给予很高的评价。中华人民共和国文化部副部长夏
衍在会上讲了话。他说："梅兰芳、周信芳两位先生在悠长的
五十年中，以创造性的劳动，继承并且发扬了我国戏曲艺术的
现实主义和爱国主义的优良传统；直到今天，他们不仅依然保
持着京剧艺术的最高水平，而且继续向前发展，在他们的艺术
生活的天地里，依然充满一片青春气象。梅兰芳、周信芳两位
先生是人民所喜爱的，也是人民所培养出来的杰出的艺术家。

1955 年 4 月 12 日，《光明日报》关于梅兰芳、周信芳舞台生活 50 年纪念会的报道。

第39幅：经放大的梅兰芳、周信芳乘车到达北京天桥剧场时受到夹道欢迎照。

他们是人民戏曲艺术中的现实主义大师，是继承并发扬了我们戏曲表演艺术的现实主义传统的大师。"

最后，夏衍副部长批判了对待民族艺术遗产的粗暴的和保守的两种不正确的态度。

会上，中国戏剧家协会副主席欧阳予倩作了关于梅兰芳的题为"真正的演员——美的创造者"的报告；中国戏剧家协会主席田汉作了题为"战斗的表演艺术家——周信芳"的报告；戏曲家程砚秋代表全国戏剧界致祝贺词。

会上，中华人民共和国文化部部长沈雁冰把荣誉奖状发给梅兰芳、周信芳。会上还宣读了各地的艺术家和戏剧团体给梅

第40幅：经放大的纪念会
大会主席台全景及阳翰笙主持
会议并致辞照局部。

兰芳和周信芳的许多贺电和贺信。

　　纪念会进行中，苏联戏剧家、中央戏剧学院苏联顾问列斯
里，北京电影制片厂苏联顾问高鸿登献花篮。列斯里代表在中
国的苏联艺术专家致辞，他说："希望你们为中国人民、为进
步人类，把你们光辉的艺术达到新的成就。"日本演员中村翫
右卫门代表日本戏剧家献花篮。

　　最后，梅兰芳和周信芳致答词。他们一致表示衷心感谢共
产党、毛主席的领导和培养，感谢人民群众和文化界的爱护。
梅兰芳说："为着人民，为着祖国美好的未来，要贡献出自己
的一切。"周信芳说："我们愿与全国戏曲工作者共同携手并
进，为祖国的伟大社会主义建设事业奋斗到底。"（周信芳，生
于1895年，辛于1975年，中国卓越的京剧表演艺术家，艺名
麒麟童，为麒派的创始人；新中国成立后，于1959年加入中
国共产党，并为第一、二、三届全国人民代表大会代表；历任
中国戏曲研究院副院长、华东戏曲研究院院长、上海京剧院院

长、中国戏剧家协会副主席、上海文学艺术界联合会副主席、
中国戏剧家协会上海分会主席）

　　许多艺术团体和艺术工作者上台向梅兰芳、周信芳献礼、
献花致敬。会场上又掀起热烈的掌声，纪念会到此结束。

　　报纸还同时刊发了新华社记者拍摄的《在纪念会上的梅兰
芳和周信芳》照片1幅，以及欧阳予倩和田汉所作报告全文。

　　对于梅兰芳在纪念会上所致答词，1955年4月14日，《人
民日报》在第3版以《梅兰芳：为着人民为着祖国美好的未来
贡献出我们的一切》为题，作了摘要发表。

　　在答词中，梅兰芳说："首先要向党和毛主席致最崇高的
敬礼，并向中华人民共和国文化部、中国文学艺术界联合会、
中国戏剧家协会亲爱的同志们致衷心的谢意"，因为"今天这

第41幅：经放大的在纪念
会主席台第一排自右起就座的
田汉、钱俊瑞、梅兰芳、周扬、
沈雁冰、周信芳、夏衍、阳翰笙
等人的照片局部。

第 43 幅：经放大的周信芳
在纪念会上致答词照局部。

　　个纪念会，不独是我个人和周信芳先生的光荣，也是我们全中国戏曲工作者最大的光荣"。接着，梅兰芳表示，他在舞台生活中取得的一些微小成就，"并不是依靠什么特别窍门得来的，而只是劳动的积累"。

　　随后，梅兰芳讲述了自己自幼学戏至 1955 年 50 年间舞台艺术生活的大致经历及体会。他说："我开始学戏是在满清末期光绪庚子（年）以后，学的戏都是以唱工为主的青衣正工戏。这类戏在当时的演法，是不注重身段、表情的，当时观众对这类戏的要求，也着重听而不着重看。"到了辛亥革命以后，观众对戏曲艺术的要求也提高了，"我初步地感觉到，这种专重唱工的青衣戏，已经不能满足观众要求，所以就在青衣之外，兼学了二本'虹霓关'、'樊江关'、'穆柯寨'这些偏重身段、表情和武功的戏，使戏路宽广丰富一些。果然这些戏演出以后，比青衣戏更受欢迎"。而在清末民初的时候，当戏剧的社会教育作用逐渐明确，话剧已开始活跃起来的时候，"我感到了演员对社会的责任，就先后排演了以现代故事为题材的'孽海波澜'、'一缕麻'、'邓霞姑'、'童女斩蛇'等时装戏，内容是反映妇女受压迫、婚姻不自由等不合理社会现象和破除迷信的社会要求"。虽然在今天看来，"这些戏本的内容和形式是有很多缺点的，但在当时社会里，却起了一些好的作用"。"随后

第 44 幅：经放大的梅兰芳、周信芳接受各界献花、献礼照局部。

第 42 幅：经放大的梅兰芳在纪念会上致答词照局部。

我又从前辈先生们学习昆曲，对昆曲发生了很大兴趣。因为昆曲是一种歌舞并重、具有高度艺术性的古典戏曲，京剧受它的影响最大。学习了昆曲以后，我的表演技术，就有了很显著的变化。在表演艺术上，比以前已经丰富得多了。"

　　在历数了经历的"从演青衣、闺门旦进展到演贴旦、刀马旦，排演时装戏，学习昆曲这几个时期"之后，梅兰芳讲述了在此基础上，对京剧艺术进行的一些大胆的新尝试，特别是在舞蹈及服装上取得的成果："在舞蹈部分，有'霸王别姬'里的剑舞，'上元夫人'里的拂尘舞，'麻姑献寿'里的袖舞，'太真外传'里的盘舞，'西施'里的羽舞，'天女散花'里的绸舞，'嫦娥奔月'里的花镰舞，'千金一笑'里的扑萤舞，'廉锦枫'里的刺蚌舞等。这里面'霸王别姬'里的剑舞，是把京剧'鸿门宴'和'群英会'的舞剑，还有'卖马当锏'的舞锏的舞蹈加以提炼变化，同时吸取国术中的剑法汇合编制而成的。不过，'鸿门宴'等三个戏的舞蹈，原只有打击乐器的伴奏，'霸王别姬'里的剑舞，却是一部分加入了歌唱，另一部分又配合了管弦乐的伴奏的。'麻姑献寿'里的袖舞，是我从古代的'长袖善舞'这句成语，体会出古代有一种以袖子为主的舞蹈，而根据旦角的水袖动作研究出的一种袖舞。'天女散花'的绸舞，是根据古代绘画'天女散花图'的形象创造出的。天女服装上的特征是两条风带，显示着御风而行，我就想到可以利用这两条风带来加强动作的舞蹈性，创造了天女散花的绸舞。服装部分，大都取材于许多古代绘画、雕刻、塑像等等美术品上的妇

第 45 幅：经放大的梅兰芳与前来祝贺的学生交谈照。

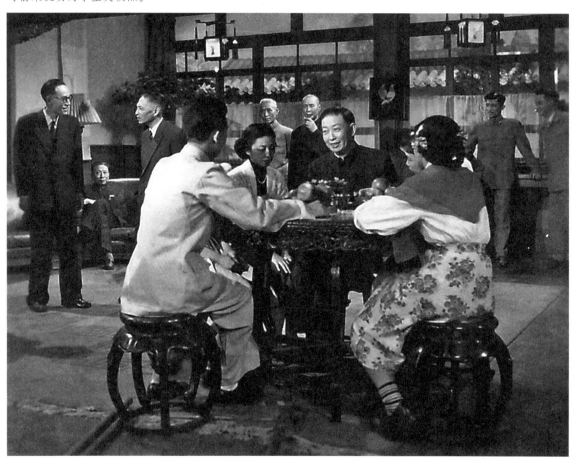

女的装束，因为要适合于舞台上表演的条件、人物的性格、图案色彩的调和，就必须加以适当的剪裁；特别是头上发髻的设计，是经过了若干次的试验和改革，才完成今天的样子的。"

接下来，梅兰芳谈到他的对外出访，讲述了他出去的目的就在于："一方面是想把中国的戏曲介绍到国外，一方面也是想借此观摩吸收外国戏剧艺术来丰富我们的民族艺术。"他特别谈道："最难忘的是一九三五年，我接受了苏联对外文化协会的邀请，去苏联进行访问演出。我初次看到伟大的社会主义国家，它的新面貌给我留下了不可磨灭的印象。"与"苏联戏剧大师斯坦尼斯拉夫斯基和聂米洛维奇·丹钦科两位老先生"的座谈、交流和他们关于"中国戏曲的表演法则是'有规则的自由动作'的看法"，"使我更深刻地认识了我们民族戏曲艺术的特征"。

答词中，梅兰芳还着重谈到创演《抗金兵》、《生死恨》两个新戏时人民给予他的教育："'九一八'事变后，日本帝国主义对中国进行了疯狂的侵略，我当时以无比愤怒的心情编演了'抗金兵'和'生死恨'两个戏。这两个戏，是以反抗侵略、鼓舞人心为主题的，在各地公演，得到观众的热烈支持，可以反映出当时人民民族意识的高涨，人民给我的教育和鼓舞是极其深刻的。"

在最后，梅兰芳讲述了新中国成立后参加政治活动并到各地巡回演出、赴朝鲜慰问中国人民志愿军和到华南慰问中国人民解放军、为占了中国人口"最大比重"的工农兵观众演出等艺术活动的情况与体会，讲述了自己的思想变化：在旧社会里，辛辛苦苦地演了几十年的戏，虽然在艺术上有过一些成就，服务的对象究竟是什么，却是模糊的。只是在"解放以后，我学习了毛主席《在延安文艺座谈会上的讲话》，才懂得

第44幅：经放大的梅兰芳满面笑容地接受各界献花、献礼照局部。

了文艺应该首先为工农兵服务的道理。明确了这个方向，我觉得自己的艺术生命才找到了真正的归宿"。梅兰芳还表示了决心，他说：新中国成立5年多，时间不算长，"可是在我六十年的生命史中却是最宝贵的一个阶段"，"无论在政治上、艺术上，我都得到了前所未有的发展"。尽管在戏曲艺术实践上做了一些努力，"但应该做而没有做的事情还是很多，比如在戏曲改革方面，自己的贡献还是很不够的。目前我正在拍摄五彩纪录电影，我希望通过这部电影，对广大的人民，对我们戏曲工作者的青年一代，能有一些贡献；我的《舞台生活四十年》三、四等集，也当抓紧时间写出，以供从事戏曲工作的同志参考；我还要到我所没有到过的地方演出，向各兄弟剧种作交流经验的学习；对新生力量，我愿从多方面来予以帮助。我希望我的工作对社会主义文化建设能有微末的贡献"。梅兰芳又特别表示：决心从事于辩证唯物主义和历史唯物主义的学习，"我深深体会到，作为一个人民的文艺工作者，如不掌握马克思列宁主义的世界观，空谈社会主义现实主义的艺术创造，那是难以想象的"。他还结合自己50年的艺术实践，寄语各位青年戏曲工作者："热爱你的工作，老老实实地从事学习，努力艺术实践，不断地劳动，不断地锻炼，不断地创造；不断地虚心接受群众意见，严格地进行自我批评；为着人民，为着祖国的灿烂美好的未来，贡献出我们的一切！"

自1955年4月11日下午，首都文化界在天桥剧场隆重举行了梅兰芳、周信芳舞台生活50年纪念会之后，次日至4月17日连续6天，梅兰芳、周信芳在天桥剧场举行纪念演出。梅兰芳演出的剧目有《断桥》、《洛神》、《宇宙锋》、《穆柯寨·穆天王》，周信芳演出的剧目有《乌龙院》、《清风亭》、《文天祥》《扫松》。梅兰芳、周信芳二人还合演了《二堂舍子》，梅兰芳笔者所藏 1955 年"水留香馆"馆主荀慧生所藏梅兰芳、周信芳舞台生活 50 年纪念演出戏单。

饰王桂英，周信芳饰刘彦明，梅宝玥、梅葆玖分别饰演梅香和秋儿。

　　这是笔者所藏著名京剧表演艺术家、京剧旦角、荀派艺术创始人荀慧生（1900—1968）收藏的，当年由中华人民共和国文化部、中国文学艺术联合会、中国戏剧家协会主办的梅兰芳、周信芳舞台生活 50 年纪念演出的戏单。据载，在 1955 年 4 月 12 日，周信芳、梅兰芳分别演出了《乌龙院》和《宇宙锋》。在《乌龙院》中，周信芳饰宋公明，邱云芳饰阎婆，赵晓岚饰阎惜娇。在《宇宙锋》中，梅兰芳饰赵艳荣，刘连荣饰赵高，姜妙香饰胡亥，张蝶芬饰哑丫鬟，可谓是名角汇聚、盛况空前，留下了梅兰芳 50 年舞台艺术的亮丽风采。

据《梅兰芳年谱》记载：梅兰芳于 1949 年 7 月，出席中华全国第一次文学艺术工作者代表大会；9 月 30 日，当选第一届政协全国委员会委员；10 月 1 日，参加中华人民共和国中央人民政府成立典礼活动。1951 年 4 月，被任命为中国戏曲研究院院长；7 月，全家从上海迁回北京，定居护国寺街 1 号（现梅兰芳纪念馆）。1952 年 12 月，出席在奥地利首都维也纳举行的世界人民和平大会；与苏联著名舞蹈大师乌兰诺娃在北京会面。1953 年 10 月，当选为中国戏剧家协会副主席。1954 年 9 月，当选为中华人民共和国第一届全国人民代表大会代表。1955 年 1 月，被任命为中国京剧院院长；4 月，文化部、中国文联、中国戏剧家协会联合为梅兰芳、周信芳举办了舞台生活 50 年纪念活动；2 至 8 月，拍摄戏曲片《梅兰芳的舞台艺术》，12 月制作完成。1956 年 5 月 26 日至 7 月 16 日，应日本朝日

梅兰芳、周信芳舞台生活 50 年纪念演出的戏单中，关于梅兰芳所演《宇宙锋》剧情及演职员的介绍。

宇 宙 鋒 劇情简介

宇宙鋒是秦二世胡亥賜給大臣匡洪的一把寶劍。權臣趙高把女兒趙艷容嫁給匡洪的兒子匡扶後，因怨國家並不極附他的權勢，懷恨在心，設計命人盜取了宇宙鋒行刺胡亥，嫁禍匡洪。因此，匡家全家繫獄，只有匡扶在趙女的幫助下得以逃亡。此後，趙艷容回到父家居住。某日，胡亥夜訪趙府，看見趙女貌美，想納她作妃，命趙高入日途她入宮。趙艷容矢志不從，在啞了暗示下，碎衣毀容，裝作瘋顧。次日，趙艷容到了金殿，將胡亥嘻笑罵了一番，胡亥以爲真瘋，趙艷容遂得倖免。

趙 艷 容：	梅蘭芳	啞 丫 環：	張蝶芬
趙 高：	劉連榮	門 官：	李慶山
胡 亥：	姜妙香	大太監甲：	衡和華

新闻社等团体邀请，第3次访问日本。1957年6月7日，国际舞蹈协会主席海尔格在北京授予梅兰芳荣誉奖章。1959年5月25日，在北京人民剧场上演创编新戏《穆桂英挂帅》。1960年1月，彩色电影《游园惊梦》拍摄完成；4月15日，被北京市人民委员会任命为梅兰芳剧团团长。1961年5月31日，在中国科学院为科学家们演出《穆桂英挂帅》，这是梅兰芳在舞台生涯中的最后一次演出；7月9日，被任命为中国戏曲学院院长；8月8日凌晨5时，因心脏病在北京病逝，享年67岁。

这就是新中国成立后梅兰芳的大致"履历"，记载了他拥有的很多官衔和荣耀。遗憾的是，他作为"人民所培养出来的杰出的艺术家"和人民戏曲艺术中的"现实主义大师"，除了拍摄《梅兰芳的舞台艺术》、《洛神》和《游园惊梦》3部戏剧影片外，12年间唯一的创编新戏，只有新中国成立10周年前夕上演的《穆桂英挂帅》，并由此最终画上了他艺术人生的"句号"。7幅关于梅兰芳、周信芳舞台生活50年纪念会的老照片，记录下梅兰芳辉煌年代的一个片段。至今，历史和人民也没有忘记梅兰芳这位伟大的艺术家。正如纪念会上欧阳予倩在报告中所颂扬的那样，他是一位具有民族精神和爱国情怀的"真正的演员——美的创造者"。正因如此，从老照片集里《断桥》等5出梅兰芳最具代表性演出的162幅（第46—207幅）剧照，今天依然会强烈地感受到梅氏艺术所创造出的美及其产生的巨大感染力和震撼力，不禁要为这位梅派艺术的创始人和中国戏剧艺术的集大成者大声叫声"好"！

第　二　章

梅兰芳经典剧目剧照

上述 45 幅老照片，记述了包括梅兰芳的祖父、父亲、伯父、名师和他自己幼年、青年时代的生活，出演的《春香闹学》、《思凡》、《黛玉葬花》、《木兰从军》、《生死恨》、《抗金兵》等名剧佳作，以及出访、练功与舞台生活 50 年纪念会的历史瞬间，这些亦都是影片《梅兰芳的舞台艺术》中的部分镜头和场景。而有关《断桥》、《宇宙锋》、《霸王别姬》、《洛神》、《贵妃醉酒》5 出剧的 162 幅老照片，则是这部影片主体内容的反映。据老照片集所注，162 幅照片中：（1）《断桥》29 幅（第46—74 幅），拍摄时间为 1955 年 6 月 7—16 日；（2）《宇宙锋》40 幅（第 75—114 幅），拍摄时间为 1955 年 3 月 30 日—4 月 8 日、4 月 23—29 日；（3）《霸王别姬》38 幅（第 115—152 幅），拍摄时间为 1955 年 9 月 6—23 日；（4）《洛神》32 幅（第 153—184 幅），未注拍摄时间；（5）《贵妃醉酒》23 幅（第 185—207 幅），未注拍摄时间。这些照片，不仅将 5 出戏的表演艺术展现在人们面前，感受到梅派京剧艺术所取得的巅峰成就，更形象、具体地将梅兰芳艺术杰作的华美瞬间永远定格在中国戏曲史册之上和人们心间。关于这些照片所拍摄的，是其中哪些场、段及其艺术表现，许姬传和朱家溍在 1957 年所著的《梅兰芳的舞台艺术》一书中，以身谱段方式所作的叙述，为它们提供了最准确的剧情解说。

（一）昆曲《断桥》剧照 29 幅

这 29 幅照片均为 1955 年拍摄的原作黑白照片；其中，5 幅为 6 寸照，24 幅为 3 寸照；有 4 幅被选作宣传用剧照；每幅都有简单的剧照说明。首页写有剧目、演出者及内容简介，

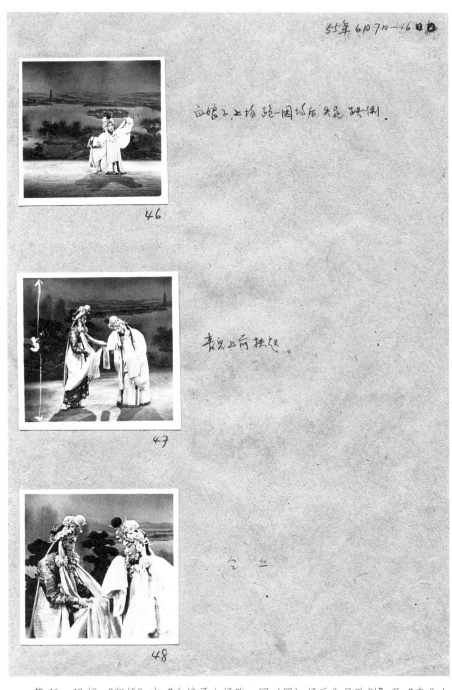

第46—48幅:《断桥》中"白娘子上场跑一园（圆）场后失足跌倒"及"青儿上前扶起"之原大3幅3寸黑白剧照。

第49—52幅:《断桥》中"白娘子忽然肚中疼痛"、"白娘子、青儿二人跑园（圆）场"和"二人边唱边舞"之原大4幅3寸黑白剧照。第52幅被选作宣传用剧照。

第53—55幅:《断桥》中"白娘子、青儿跑园(圆)场"、"许仙上场，悔恨自己不该到金山寺"之原大3幅3寸黑白剧照。

　　第56—58幅：《断桥》中"白娘子、青儿上场追赶许仙"、"许仙听到白娘子、青儿追喊，吓得心神不定"之原大1幅6寸、2幅3寸黑白剧照。

白青上场
追赶许仙

56

许仙听到白青追喊，辗转心神不定。

57

仝上

58

第 59、60 幅:《断桥》中"白娘子、青儿追上许仙后,青儿拔剑要杀许仙,白娘子上前拦阻"及"白娘子诉说,恨许仙不该这样无情"之原大 1 幅 6 寸、1 幅 3 寸黑白剧照。第 59 幅被选作宣传用剧照。

白青追上许仙后,
青儿拔剑要杀许仙
白娘上前拦阻。

(选用剧照)　59

白:恨许仙,不该这样无情

60

具体如下:"《断桥》(昆曲)。演出者:白娘子——梅兰芳;青儿——梅葆玖;许仙——俞振飞。内容介绍:《断桥》是全部《白蛇传》中的一段。《金山寺》水战之后,白娘子败退,决定到许仙的姐姐家去分娩,同青儿走到西湖断桥的地方,正好和由金山寺逃回的许仙相遇。青儿认为许仙无情无义,愤怒之下要将许仙杀死。但白娘子仍是热爱许仙,认为都是法海的离间,不是许仙之过。许仙认罪,三人言归于好。"

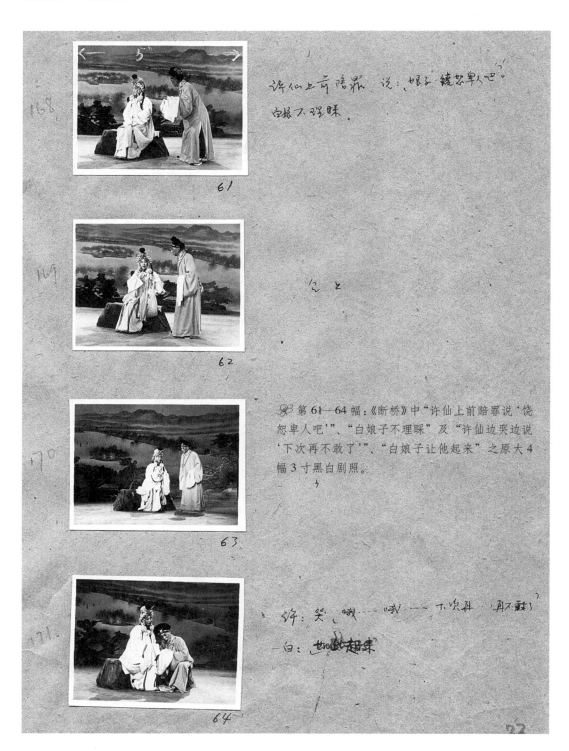

许仙上前陪罪，说："娘子，饶恕卑人吧。"
白娘不理睬。

61

62

第61—64幅：《断桥》中"许仙上前赔罪说'饶
恕卑人吧'"、"白娘子不理睬"及"许仙边哭边说
'下次再不敢了'"、"白娘子让他起来"之原大4
幅3寸黑白剧照。

63

许：哭，哦……哦……下次科……再不敢了。

白：也罢，起来。

64

青：许仙！你且收了这假慈悲。走来。

65

白已原谅许仙，但青儿仍不依。

66

第65—67幅：《断桥》中"青儿走来怒斥许仙'你且收了这假慈悲'"、"白娘子已原谅许仙，但青儿仍不依"及"白娘子谅解许仙，二人重归于好"之原大2幅3寸、1幅6寸黑白剧照。

白谅解许仙，重归于好。

67

第 68、69 幅:《断桥》中的情节同上之原大 2 幅 6 寸黑白剧照。第 69 幅被选作宣传用剧照。

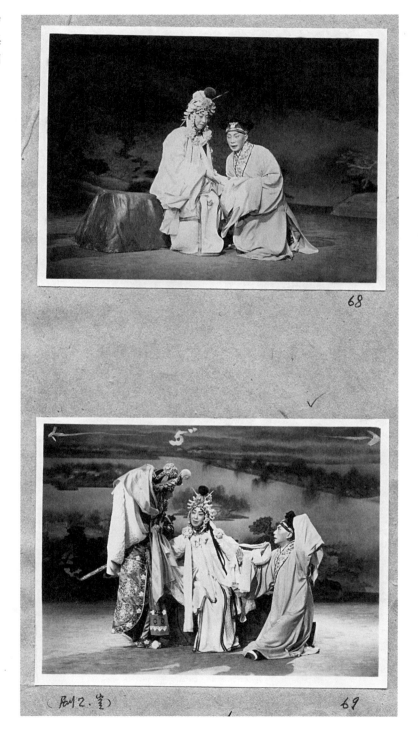

昆曲戏，是梅兰芳从早年学习昆曲之后就一直上演的。他在长期的演出过程中，以现实主义的方法，熟练地运用表演技术，创造出一系列如《思凡》之赵色空、《游园惊梦》之杜丽娘、《闹学》之春香、《西厢记》之红娘、《玉簪记》之陈妙常等角色。而《断桥》之白娘子，更是梅兰芳昆曲戏的典型之作和创造的一位深入人心的人物形象，因而也就成为影片《梅兰芳的舞台艺术》中5出戏的"第一出"。

许姬传和朱家溍在《梅兰芳的舞台艺术》中，对《白蛇传·断桥》作了最为通俗的解说："《白蛇传》是我国流传很久的民间故事。多少年来，各地方的说书唱戏以及年画等等，都把它列为最好的题材之一，原因是这个故事集中地体现了我国古代那些勇敢、善良、智慧的女性，在追求自由幸福时的一种不可征服的意志，所以广大观众都爱听爱看这个故事。"戏剧《白蛇传》中的白蛇、青蛇、许仙、法海都是人们熟悉的人物，但人人都热爱白蛇、憎恨法海，因为在观众的心中，"白蛇不是一个妖怪，而是一个可爱的善良妇女"。因此，这个故事"不是宣传迷信，而是用神话的形式来表现人民的愿望"。《断桥》这出戏，讲述的就是白蛇故事中的一段。在中国，各剧种大都有《断桥》这出戏。昆腔的全本戏叫《雷峰塔传奇》（雷峰塔是杭州西湖的一个名胜。传说白蛇被压在雷峰塔下面，所以故事叫《雷峰塔传奇》），《断桥》是其中的一出，在表演上，它经过无数名演员的创造和积累。梅兰芳继承了这些优秀传统的经验，并大大地丰富和发展了它们，"对白娘子这个角色，几十年深入体会"，"运用精湛的艺术技巧，塑造了人民喜爱的白娘子的形象"，使之成为梅兰芳舞台艺术的一篇佳作。

《断桥》的剧情是：追求美好生活的白娘子，与恶人法海在金山寺经过一场激烈的斗争之后，疲惫地走在去许仙姐姐家

第70、71幅:《断桥》之原大2幅3寸黑白剧照。其中,第70幅缺失,文字说明为:"白娘子肚中疼痛,青儿在指责许仙说'他还不晓得'"。第71幅的文字说明为:"白娘子指责许仙'你听信谗言忒硬心,追思往事真堪恨'"。第71幅被选作宣传用剧照。

的路上,因有孕在身,突感肚子疼痛难忍,无法继续前行。青儿扶白娘子到断桥亭上休息。此时,被法海放走的许仙也正走到断桥,夫妻相遇。对于曾经听信谗言、离开自己的许仙,善良正义、依然深爱自己丈夫的白娘子,只要许仙仍然回到自己的身边,绝不再计较过去的事情;而见义勇为、疾恶如仇、对白娘子忠心耿耿的青儿因许仙的背叛,欲将他杀死,被白娘子拦住;许仙被白娘子的真情感化认罪,最终得到白娘子谅解,二人和好如初。

而这些动人的故事与美好的情感以及梅兰芳的精湛表演,都被浓缩在这29幅黑白影像的方寸之间,成为不可重现的历史永恒。

上述《断桥》这29幅剧照所表现的剧情,在许姬传、朱家溍所著《梅兰芳的舞台艺术》一书《断桥》的4场戏中,都有着具体的台词和对表演的描述。故按原照剪裁、放大,依照许姬传、朱家溍所载,"白话"简编记录如下,以见梅兰芳在从事舞台艺术50年之时饰演白娘子的风采。

1. 第1场:第46—53幅,共8幅

第46幅:白娘子内白:"哎呀,苦啊",随后上台,两手扶

着白裙子的两个裙角，在舞台上顺着弧线跑了一个圆场，一副奔波、凄惨的样子，到了下场门台口，疲劳不堪，失足跌倒在地。她跪在地上唱了第一句"顿然间"。

第47、48幅：青儿上台，上前把白娘子扶起。两人并肩站立，白娘子露出很痛苦的样子。白娘子接着唱道："哎呀，鸳鸯折颈，奴薄命，孤鸾照命，好叫我泪珠暗滚。"此时，白娘子与青儿边唱边后退，回到一处同唱："怎知他一旦多薄幸"，唱完又面向台前并肩站立。青儿说："娘娘吃苦了。"白娘子说道："可恨法海不放俺官人下山。与他斗法，奈他法力无边，险被擒拿。幸借水遁而逃，来到临安，不然险遭一命哪！（哭）"青儿道："都是许仙那厮薄幸，此番见面，断断不可饶恕他。"二人商议在哪里安身，白娘子提出："许郎的姐丈在钱塘居住，投奔到彼，再做道理。"

第49—53幅：白娘子刚刚向前走了两步，忽然肚子疼了起来，两手抚着胸口，连声"哎哟，哎哟"。青儿急忙问道："娘娘，这是怎么了？"白娘子答道："我腹中疼痛，寸步难行，怎么挨得到许郎姐丈家呀？"青儿说："娘娘想必是要分娩了，

第72—74幅：第72幅为原大3寸黑白剧照，文字说明为："许仙搀扶白娘子行走"。第73幅缺失，文字说明为："白娘子让许仙上前再与青儿赔礼"。第74幅也缺失，文字说明为："白娘子为许仙向青儿求情说：'饶恕他吧'"。这幅被选作宣传用剧照。

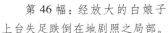

第46幅：经放大的白娘子
上台失足跌倒在地剧照之局部。

第47幅：经放大的青儿上
台将白娘子扶起剧照之局部。

前面已是断桥亭，让我扶着娘娘到亭中休息片刻再走吧。"白娘子一边答应着，一边说道："许郎啊，我和你恩情非浅，不想你这般薄幸，好凄惨人也。"青儿见此说道："可怜！"白娘子唱道："忒硬心，怎不叫人两泪淋。无端抛闪，抛闪无投奔。青儿啊，我细想前情，好叫人气满襟，凄清，不觉得鸾凤分，伤情，怎能够再和鸣。"二人边唱边舞。唱到最后，两人同时向上翻右手，再跑了一个圆场，上步一指，回过身来相扶着下场。对此片段，许姬传和朱家溍在"按"中评论道：这是剧中情绪比较沉闷的一段，两个人慢慢地走路，细细地诉说，用缓慢的动作和歌唱，以不同的唱词加以不同的身段，以及二人身体的分合与在舞台上的不同位置，边唱边舞地来表现她们的心情，由此使观众与她们产生共鸣。

第48幅：经放大的白娘子与青儿
交谈及商议在哪里安身剧照之局部。

第49幅：经放大的白娘子
忽然肚子疼痛起来剧照之局部。

2. 第2场：第54、55、57、58幅，共4幅

　　第54、55幅：许仙接着白娘子"怎能够再和鸣"的唱词，边走边唱地上了台："一程程钱塘将近，蓦过了千山万岭，锦层层过眼烟云，虚飘飘魂断蓝桥境。"唱到末一句的时候，他走了一个小圆场，站在了台中央（许姬传、朱家溍按：许仙的这一唱段，原是法海所唱，解放后梅先生在天津和俞振飞先生演这出戏，去掉了法海这个角色，原有的唱词也改成现在的样子，与许仙一个人走路而心里又七上八下进退两难的心境非常吻合，是《断桥》一个非常好的改动）。唱后，许仙说道："悔不该去往金山烧香，连累我家娘子受尽苦楚，这都是我的不是啊！想我与娘子恩情非浅，平时待我又十分体贴。故此我下得山来，寻找娘子的下落。哎呀，慢来，想金山之事，那青儿必

第50幅：经放大的白娘子
与青儿跑圆场剧照之局部。

第51幅：经放大的白娘子
与青儿边唱边舞剧照之局部。

然怀恨于我，倘若见面，定与我不休，这倒叫我犹豫不定，进退两难。哦，有了，我不免去到姐丈家中暂安身再作计较。"他接着唱道："且在钱塘安身，愁杀人进退无门，寻思教我两下里分如进。只怕她怨雨愁云恨未平。追省，感垂怜相救恩。伤心，痛往事暗伤情。"（许姬传、朱家溍按：这些独白也是该剧取消了法海后重新安排的）

　　第57、58幅：此时，白娘子和青儿在幕后叫："许仙。"许仙非常惊慌地到上场门一望，向后退了几步，跌倒在地下。白娘子和青儿在幕后再喊："许仙往哪里走？"许仙赶紧从地下爬起，说道："哎呀，吓死我也，吓吓吓吓……吓死我也。看那边青儿扶着娘子，怒气冲冲，追赶前来，哎呀，我此番性命休矣。"白娘子和青儿在幕后又喊："许仙。"许仙接着唱道："我双眼定睛，忽听她相叫声声，遥观青儿到，心内战兢兢。哎呀，苍天怜悯，竟无处将身遮隐，怎得天相救这灾星。罢，我暂时拼命向前行。"然后，他用两手撩起衣襟，两腿发软，惊

第53幅：经放大的白娘子
与青儿跑圆场剧照之局部。

慌无力，由慢到快地走进下场门。

3. 第 3 场：第 56 幅，共 1 幅

第 56 幅：白娘子与青儿上台，同唱："轻分鸾镜，哪知他豺狼心性。思量到此叫人恨，全不想凤鸾衾。"青儿说道："娘娘，你看许仙，见了我们，反自逃奔，思之可恨。"白娘子答道："不必多言，我和你急急赶上前去。"她接着唱道："谁知今朝绝恩情，叫人不觉添悲哽。"青儿又说："看仔细。"白娘子继续唱道："哎呀，哪怕他插翅飞腾，我这里急忙追奔。许仙！"二人下场（许姬传、朱家溍按：这一段歌唱和舞蹈动作，急促紧张，表现白娘子和青儿怒气冲冲追赶许仙的心情。两人出来，用很快的脚步，一边唱着一同走一个大圆场。当白娘子唱道"添悲哽"时，有一个几乎要跌倒的动作，表现出一个将

第 52 幅：经放大的白娘子与青儿边唱边舞剧照之局部。这幅被选作宣传用剧照。

第54幅：经放大的许仙上场道白"悔不该去往金山烧香"剧照之局部。

第55幅：经放大的许仙正在演唱"愁杀人进退无门"剧照之局部。

要分娩的妇女在急促走圆场时体力不支的样子；当唱道"哪怕他插翅飞腾"时，二人同时一指，表现出痛恨的样子；而唱道"我这里"时，二人同时有个左右提鞋的动作，唱着"急忙追奔"，并肩双手拈起裙角走着碎步下场。这个提鞋动作是表现妇女紧张走路的一个生动的身段。照片中虽没有这个"镜头"，但怒气冲冲的追赶情景确是一览无遗的）。

4. 第4场：第59—74幅，共16幅（实有13幅，且顺序略有差错）

第59—65、67、68、71幅：许仙上场，边走边唱："我行步紧。愿苍天赐救星。止不住珠泪盈盈，止不住珠泪盈盈。"随后，他在台中间因惊慌失措而跌倒，接着唱道："哎呀，且住。看她紧紧追来，叫我向何处躲避，何处躲避？哎呀，罢，我且向前相见，这生死付之天命也。"幕后，白娘子和青儿喊："许仙！"许仙继续唱道："我向前行，心内战兢兢。"白娘子和青儿上台，同唱："笑伊行何处行？笑伊行何处行？"

三人见面后，青儿举剑要杀许仙。许仙惊恐万分，连呼"娘子，娘子"。白娘子把青儿轻轻推开，对许仙说道："你好薄情啊！"并哭了起来。许仙问道："娘子，为何这等狼狈来到这里？"白娘子答道："你听信谗言，把夫妇恩情一旦相抛，累我们受此苦楚，还要问它怎么？"青儿面对许仙，怒容满面地插话道："还要问它怎么？"许仙说："是，是。请娘子息怒，听卑人一言相告。"青儿："你且讲来。"许仙："是，那日上山，本欲就归。"青儿："为何不归？"许仙吞吞吐吐地说道："都被那法海将言煽惑，因此我听信他言，连累娘子受此苦楚，哎呀，实非卑人之过呀！"青儿怒气冲冲地说："许仙，你且收了这假慈悲，走来。"许仙听了不敢不遵，从白娘子身边走到青

第57幅：经放大的许仙听到白娘子和青儿的喊声，吓得战兢兢剧照之局部。

第58幅：经放大的许仙再次听到白娘子和青儿的喊声后，"拼命向前行"剧照之局部。

儿跟前，很害怕地问道："青姐有何话讲？"青儿："我可问你，娘娘是何等的待你？"许仙："娘子么，是好的呀。"青儿："可你又来。不念夫妻恩情，亏你下的这般毒手，于心何忍？"说完，青儿打了许仙一个嘴巴。许仙回身跑到白娘子身边，嘴里说道："娘子，饶恕卑人吧。"青儿说："娘娘，不要睬他。"许仙："娘子，饶恕卑人吧。"许仙因害怕青儿杀他和悔恨交加，边说着就跪在了白娘子身旁。青儿依然喊道："不要睬他！"这时，白娘子一句长长的叫板："唉，冤家呀！"并用手指轻轻地在许仙额上一戳，许仙往后一仰。白娘子怕他跌倒，赶忙又用手去扶他（许姬传、朱家溍按：这句"冤家呀"的含义就是又爱又恨，再加上梅先生的面部表情和身段，就显得更生动而又深刻。1955年夏天，正式开始拍摄《断桥》的时候，有一天在护国寺（街）梅先生家吃饭，聊起这个身段时，梅先生放下筷子，用手虚指俞振飞先生的额角，俞先生不由自主地往后一仰，梅先生赶紧用双手去扶。虽然他们都是便装，脸上、身上却完全是剧中人的神气，非常生动）。白娘子接着唱道："曾共鸾凤衾"，并把跪在地下的许仙慢慢地扶起来。许仙刚刚站起来，青儿举拳要打，吓得许仙又摔倒。白娘子二次把他扶起来，继续往下唱道："指望交鸳颈。不记得当时曾结三生证。如今负此情，反背前盟。"许仙："卑人怎敢。"白娘子唱："你听信谗言忒硬心。追思往事真堪恨，不觉心儿气难伸。"许仙："你不要气坏了身子。"白娘子唱："你真薄幸！"许仙："怎见得卑人薄幸？"白娘子唱："你缘何屡屡起狠心，害得我几丧残生，进退无门，怎不叫人恨。"许仙接唱："娘子须三省，乞望生怜悯。感你恩情我只望谐欢庆，娘子鉴慈心，望垂青。"

此时，许仙面向青儿，接着唱："叵耐他，言忒利狠，叫人怎不心儿惊。听他一派胡言，几作鸾凤分。娘子啊，望海涵

　　第56幅：经放大的白娘子
和青儿追赶许仙剧照之局部。

　　第59幅：经放大的青儿举
剑要杀许仙，被白娘子从中分开
剧照之局部。这幅被选作宣传用
剧照。

第 60 幅：经放大的白娘子哭着指责许仙"你好薄情啊"剧照之局部。

第 61 幅：经放大的许仙诉说"实非卑人之过"剧照之局部。

命。"他嘴里叫着"青姐"，到青儿面前，刚刚躬下身，就被青儿一口啐了回来。许仙接着唱："烦你劝解，全仗赖青青。伏望娘子暂息雷霆，容赔罪生欢庆。娘子，饶恕卑人吧。"青儿："娘娘，不要睬他。"许仙："娘子，饶恕卑人吧。"这时，许仙跪在了地下，扶着白娘子的腿不断地哭着求饶。青儿扯着白娘子的右臂，叫不要理睬许仙。白娘子两下为难，最后把青儿推开，问许仙道："我且问你，下次可敢了？"许仙哭着说："下次，再再再……再也不敢了。"白娘子："如此，起来。"许仙"啊"了一声，看着青儿的眼色，不敢立刻站起来。青儿厉声说道："起来！"许仙才连连说着"是，是，多谢娘子"，站了起来。

　　第 66—74 幅：此时，白娘子问："如今，我们往哪里安身才好？"许仙："请娘子到我姐丈家中，暂且住下，再作道理。"白娘子："但此去切不可提起金山之事。倘若泄露，绝不与你

第 65 幅：经放大的青儿怒气冲冲叫许仙收了假慈悲剧照之局部。

第 62 幅：经放大的白娘子唱"曾共鸾凤衾"剧照之局部。

甘休！"许仙："是是是，卑人怎敢，娘子请。"白娘子站起来，突然又觉得肚子疼，两手赶紧抚住肚子，"哎哟，哎哟"地叫起来。许仙赶忙问道："娘子，为什么呀？"青儿："他还不知呀。"许仙说道："噢，想是要分娩了。娘子，我同青姐扶娘子到前面，雇一顶小轿而行便了。"白娘子答道："使得，许郎啊"，随后唱道："此行休得泄真情"。青儿接着唱道："两下里又生欢庆。"许仙上前，扶着白娘子慢慢向前走着。青儿见白娘子已经原谅了许仙，二人的感情已经恢复，仍有所不依，站着不动，一脸余怒未消的样子。白娘子与许仙从前面又走了回来，先后呼唤青儿，青儿不理他们二人。白娘子正颜厉色叫了一声，青儿方才答应。白娘子说道："想此事非关许郎之过。"许仙："是啊，实非卑人之过。"白娘子："都是那法海不好。"许仙："都是那法海不好啊。"白娘子："谅他下次不敢了。"许仙："下次再也不敢了。"白娘子："饶恕他吧。"许仙："饶恕我吧。"

第 63 幅：经放大的白娘子唱"进退无门，怎不叫人恨"剧照之局部。

第 68 幅：经放大的许仙跪到白娘子身边请求饶恕剧照之局部。

青儿说道："只怕未必。"这时，解除了苦闷、得到了温暖和安慰的白娘子面带笑容地说道："咳，我也不怨别的哟！"许仙："哎呀，娘子，敢是怨着卑人么？"白娘子："哎呀，诺"，最后唱道："只怨我命犯迍邅（迍邅读 zhūn zhān，即迟迟不进和困顿不得志之意）遇恶僧"，接着叫了一声"哎哟"，似乎肚子又疼了起来，用手又拉了一下青儿，示意一同前去。青儿见白娘子与许仙已是云开雾散、重归于好、便不再坚持己见，咳嗽了一声，和许仙一同搀扶着白娘子，三人一同走下了场（许姬传、朱家溍按：舞台上传统的演法，是许仙搀着白娘子下去之后，只剩青儿一人在场，她朝里一望，向外一摊手一跺脚，音乐也改成大锣，气氛和现在完全两样。梅先生去掉了过多的道白和所改唱的尾声以及拉青儿一起走的动作及其面部表情，真切细致地表达了白娘子那种许仙回到了自己的怀抱，最终扭转了自己最忠心朋友的不快所发自内心的笑容。在最后三人扶着

第71幅：经放大的白娘子唱"追思往事真堪恨"剧照之局部。

第69幅：经放大的白娘子已原谅许仙，但青儿仍不依剧照之局部。这幅被选作宣传用剧照。

第64幅：经放大的许仙跪在地下哭着求饶剧照之局部。

下场的场景中，感受到在他们相互谅解的关切中，留下了一种深长余韵；从白娘子疲倦而欣慰的后影，使人感受到她所得到的温暖与安慰。这位"白娘子"刚强而善良的性格，被梅先生完全地表达了出来。这出《断桥》的几十幅老照片，同样留下了这种"深长余韵"和梅先生艺术的"表达"）。遗憾的是，在这出戏的第4场中，缺失了第70、73、74幅有关青儿指责许仙不知白娘子怀孕和白娘子让许仙与青儿赔礼，以及白娘子为许仙求情让青儿饶恕3幅照片。

老照片中与梅兰芳配戏、饰演许仙的俞振飞（1902—1993），亦是中国著名的京剧、昆曲表演艺术家。他出生于昆曲世家，父亲俞粟庐为著名昆曲唱家，自成俞派。俞振飞6岁起从父习曲；14岁起，先后拜昆曲前辈沈锡卿、沈月泉等名师学艺，能演昆曲戏200余折；1914年，首次登台；1920年，学演京剧，先习老生，后习小生；29岁时，经程砚秋介绍，赴北平拜京剧小生前辈程继先为师，后与程砚秋合作 6 年，誉满平、津、沪、宁、渝等各大城市；1941 年，应聘赴沪，后定居上海。新中国成立，俞振飞曾任上海市戏曲学校校长、上海昆剧团团长、上海京剧院院长和中国文联副主席，并著有《振飞曲谱》、《习曲要解》、《念白要领》、《俞振飞艺术论集》等；1993 年在上海逝世，享年 92 岁。俞振飞一生中曾与梅兰芳、周信芳、马连良、张君秋等诸多名家同台合作。特别是 1955 年和 1959 年，他与梅兰芳先后拍摄了《断桥》和《游园惊梦》两部彩色艺术影片，并留下了电影《梅兰芳的舞台艺术》之《断桥》里即兴而出的白娘子与许仙"一戳、一仰、一搀、一推"

第 67 幅：经放大的白娘子谅解了许仙，二人重归于好剧照之局部。

这一如今京剧和各地方戏《断桥》中的经典演法，足见俞振飞与梅兰芳两先生的艺术默契和造诣。

《断桥》里与梅兰芳配戏、饰演青儿的梅葆玖，是梅派艺术传人、梅兰芳的幼子，也是梅兰芳 9 个儿子中唯一一个学戏的儿子。梅葆玖于 1934 年 3 月在上海出生，10 岁开始学艺，第一个老师是王瑶卿之侄王幼卿；13 岁正式登台，演出《玉堂春》、《四郎探母》等剧，在艺术上深得梅兰芳的教诲和指导；1952 年 18 岁时，开始与其父同台演出，第一出戏演的是《游园惊梦》，饰演小春香；1955 年，合演了《断桥》，饰演小青，梅兰芳演白娘子；1959 年，与梅兰芳在北京合演了《穆桂英挂帅》，饰演杨文广，作为国庆 10 周年的献礼剧；此后，作为梅派艺术的传承人，致力于梅派艺术的传承和发展，多年来上演《霸王别姬》、《贵妃醉酒》、《穆桂英挂帅》、《太真外传》、《洛神》、《西施》、《四郎探母》、《生死恨》、《宇宙锋》、《抗金兵》等梅派经典剧目，成为梅派艺术的领军人物和掌门人，并任北京京剧院梅兰芳京剧团团长。2016 年 4 月 25 日，梅葆玖在京病逝，享年 82 岁。

（二）京剧《宇宙锋》剧照 40 幅

这 40 幅照片均为 1955 年拍摄的原作黑白照片；其中，7 幅为 6 寸照，2 幅为 4 寸照，31 幅为 3 寸照；有 8 幅被选作宣传用剧照；每幅均有简单的剧照说明。首页写有剧目、演出者及内容简介，具体如下："《宇宙锋》(京剧)。演出者：赵高——刘连荣；赵女——梅兰芳；哑奴——张蝶芬；秦二世——姜妙香。内容介绍：秦二世赐给大臣匡洪一把宝剑'宇宙锋'。匡

老照片集里所载《宇宙锋》的演出者及剧情简介。

洪的儿子匡扶是权臣赵高的女婿。后来赵高与匡洪不和，怀恨在心，令人盗取了'宇宙锋'行刺秦二世，嫁祸匡洪，匡洪全家入狱；只有匡扶在赵高女儿帮助下，假扮家人赵忠才得逃亡，赵女回家居住。有一个夜晚，秦二世过访赵高，看见赵女貌美，命令赵高送女入宫。赵女不从，在哑奴的示意下，碎衣毁容，假作疯癫。次日上殿，依旧装疯笑骂。二世以为真疯，将她赶下殿去。这里拍的是舞台上最流行的'修本'和'金殿'两场。"40 幅老照片中，第 1 场《修本》有 28 幅（第 75—102 幅），第 2 场《金殿》有 12 幅（第 103—114 幅）。

《宇宙锋》，在梅兰芳 50 年的戏剧舞台生活中占有不一般的地位。这出戏为梅兰芳开蒙老师吴菱仙所教，是梅兰芳从年轻到老年经常演出的、最有代表性的剧目之一。用梅兰芳自己的话说，是他最喜爱、最常演的两部戏之一（另一部是《贵妃醉酒》），也是他下功夫最深的一出戏。

《宇宙锋》又名《金殿装疯》，是《一口剑》中的一折。该剧在早年并不受观众欢迎，是一出"冷戏"。梅兰芳却非常喜欢它，曾一度将剧情增加了头、尾，后来经过不断的修改和提炼，就只演出《修本》和《金殿》两折。全剧不长，剧情简洁，内容却很丰富：秦二世胡亥，荒淫无道，宠信奸臣赵高。赵高假借匡洪家由皇上所赐宝剑"宇宙锋"行刺秦二世，陷害女婿匡扶一家。赵高的女儿艳容归家。一日，秦二世幸赵府，见赵女美貌而大悦，欲纳为后，赵高欣然允之。赵艳容因秦二世淫逸放纵、灭亡可待，执意不从。赵高利欲熏心，再四逼迫。有哑婢教赵艳容装疯以难之。赵艳容遂胡言乱语，指天尽地，一似真有神经病若。赵高不得已，以女儿病疯上奏秦二世。秦二世不信，诏赵艳容登殿。赵艳容登殿后指着秦二世大骂。秦二世佯命斩首以惧之。赵艳容痛骂、狂笑如故，乃

第一场 "修本"
1956年 3月30日—4月8日

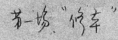

赵高上场，唱：亡人逐老夫奸，我看世天偏，若无良谋智马能富贵全了

75

赵女唱：参，唤女儿云堂有何训教？

（选用剧2） 76

赵高在灯下修本为其女改去匡家谱。

☞ 第75—77幅：第1场《修本》中"赵高出场、
赵女出场及赵高在灯下修本，为其女改过匡家
之罪"之原大3幅3寸黑白剧照。第76幅被
选作宣传用剧照。

77

赵高寿竹本
赵女唱：老爹爹莫思绘妆本
修上，明早朝上金殿启奏吾皇。

78

（选用剧照）

79

秦二世来到赵府看见
赵女生得美妙，两眼发直。

第 78、79 幅：第 1 场《修本》中"赵女叫赵高将本修上，明早金殿启奏皇上"及"秦二世来到赵府，看见赵女两眼发直"之原大 2 幅 6 寸黑白剧照。第 79 幅被选作宣传用剧照。

秦二世命令赵高把其女
送进宫去，即封赵高
在当朝太师。

80

哑奴致意，恭贺赵女，得免匡家之罪。

81

💥 第80—82幅：第1场《修本》中"秦
二世命令赵高将其女送进宫中"、"哑奴恭
贺赵女得免匡家之罪"及"赵女闻听其父
应允将她送进官去，又惊又怒"之原大1
幅6寸、2幅3寸黑白剧照。

82

赵女闻听其父左允将她送进宫去，

又惊又怒。

赵高白：（难道你不尊父令？）

83

赵女白：（授后圣旨……）

84

赵高白：（你既违抗圣旨？）

85

第83—86幅：第1场《修本》中"赵高责问赵女不遵父命、违抗圣旨"、"赵女抗命不从"以及"哑奴示意赵女抓花容、脱绣鞋、扯破衣衫装疯"之原大4幅3寸黑白剧照。

哑奴：示意抓花容 脱绣鞋 扯破衣衫装疯。

86

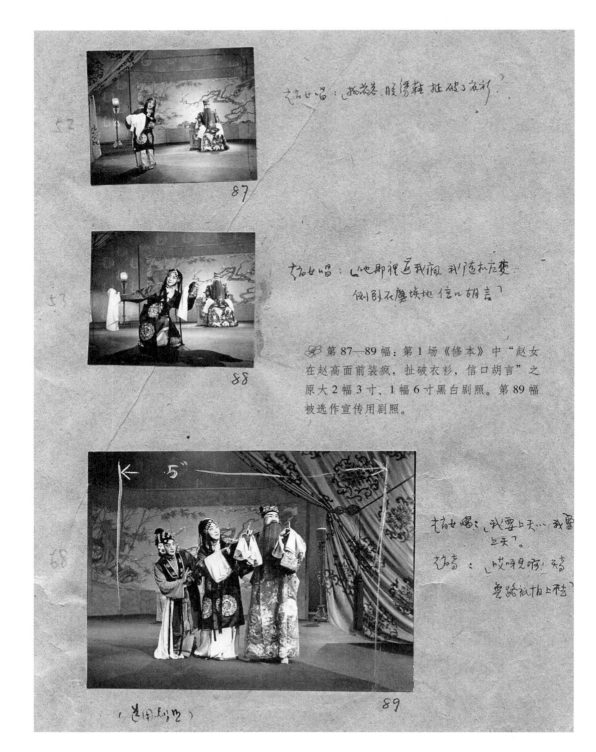

赵女唱：└抓花落 脱绣鞋 扯破了衣衫┐

87

赵女唱：└他那里逼定我疯 我随机应变
　　　　倒卧在尘埃地 信口胡言┐

88

❀ 第87—89幅：第1场《修本》中"赵女
在赵高面前装疯，扯破衣衫，信口胡言"之
原大2幅3寸、1幅6寸黑白剧照。第89幅
被选作宣传用剧照。

赵女唱：└我要上天⋯我要
　　　　　　上天┐
赵高：└哎呀见啊，强
　　　　要跪拆柏上梯┐

（选用剧照）

89

118

合上

90

赵女：（我要入地……我要入地）

赵高：（哎呀呀！地会有力也下不去）

※ 第90—92幅：第1场《修本》中"赵女在
赵高面前装疯，叫喊上天入地"之原大3幅3
寸黑白剧照。

91

合上，（近景）

92

合上 (91点)

69

(存忆甲)

93

赵女装疯，对义亲说：兒呀！
並拔其丈小胡子。

94

第93—95幅：第1场《修本》中"赵女装疯，叫其父儿子，扯其胡子"之原大1幅6寸、2幅3寸黑白剧照。第93、95幅被选作宣传用剧照。

合上

95

(宣剧之用)

赵女唱：「摇摇摆，摆摇摆拉 捏上前」

96

全上

97

全上（98）

98

❀ 第96—99幅：第1场《修本》中"赵女摇摇摆摆上前，把其父当作丈夫，并唱道：'随我到红罗帐倒凤颠鸾'"之原大4幅3寸黑白剧照。第99幅被选作宣传用剧照。

赵女把其父当做丈夫。

赵女唱：「良人 这课本」

接唱：「随我到红罗帐倒凤颠鸾」

99

35

100

今上

101

又说又唱：『那边厢又来了牛头马面』

102

拟入镜头（拔髯子持篙）

❀ 第100—102幅：第1场《修本》
中"赵女疯疯癫癫，又说又唱'那边
厢又来了牛头马面'，并拔其父胡子"
之原大3幅3寸黑白剧照。

第二场"金殿"　　　1955年4月23——29日

秦二世下旨后

御林军上殿，又驾
武士们："朝见万岁"
二世、"殿角伺候"

（赵和仪童）　　　103

金殿全景

🔲 第103—105幅：第2场《金殿》中"秦二世高坐金殿之上，御林军上殿参见万岁"、"金殿全景"及"赵女乘龙车凤辇上场"之原大2幅4寸、1幅3寸黑白剧照。

104

赵女乘龙车凤辇上场。

105

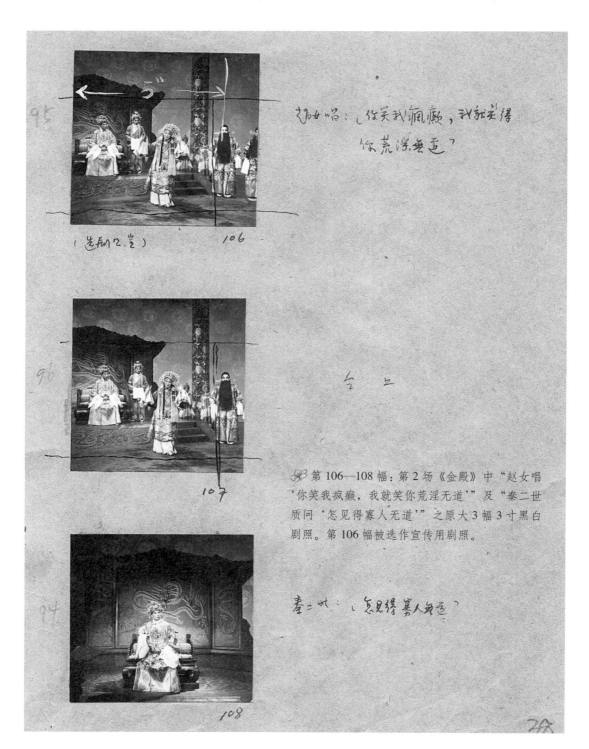

（选剧2堂）　106

赵女唱：「你笑我疯癫，我就笑得
　　　你荒淫无道」

台　上

107

🔖第 106—108 幅：第 2 场《金殿》中"赵女唱
'你笑我疯癫，我就笑你荒淫无道'"及"秦二世
质问'怎见得寡人无道'"之原大 3 幅 3 寸黑白
剧照。第 106 幅被选作宣传用剧照。

秦二世：「怎见得寡人无道」

108

二世：「真乃疯话、哪裏咎得、去太、架起刀门」

109

女世：「……我也不知皇帝老官有多少前程，动不动就要砍头来见……」

110

❀ 第109—111幅：第2场《金殿》中"秦二世命架起刀门，欲斩杀赵女"及"赵女笑问秦二世'不知皇帝老官有多少前程，动不动就要砍头来见'"之原大3幅3寸黑白剧照。

同上

111

御林军架起刀门
威吓赵女。

112

🦋第 112、113 幅：
第 2 场《金殿》中
"御林军架起刀门，
威吓赵女"及"赵
女全然不惧"之原
大 2 幅 6 寸黑白剧
照。第 113 幅被选
作宣传用剧照。

（望田剧2）

113

赵高金殿请罪.

二世 罚俸三月. 退班

114

第114幅:第2场《金殿》
中秦二世确认赵女疯癫,免她
一死,"赵高金殿请罪,二世罚
俸三月退班"之原大1幅3寸
黑白剧照。

被放还回家。

　　剧中,梅兰芳饰演赵女——赵艳容,重点围绕着赵女的
"疯"态,运用梅派旦角的艺术技巧,在角色的眼神、表情、
唱腔、身段和手势等方面的设计与运用上,恰到好处地把握住
了赵女在赵高、秦二世眼里是真疯,在观众眼里是装疯的双重
艺术效果,使赵女的形象和个性更加鲜明、突出,亦使赵女在
遭受迫害的情况下,装疯戏弄高官,于金殿之上嘲骂皇帝的反
抗精神,得到淋漓尽致、大快人心的展现,获得了观众的共鸣
和喜爱,从而成为梅派艺术的杰作载入史册,也作为代表,被
选入了《梅兰芳的舞台艺术》这部电影之中,庆幸没有像当年
因梅先生突发心脏病去世,未能拍摄影片《穆桂英挂帅》那样,
留下不该有的遗憾。

　　许姬传、朱家溍在《梅兰芳的舞台艺术》一书中说:"《宇
宙锋》不是一出历史剧,剧作者只是假设赵女来反映古代贵族
家庭里的女性,是怎样遭受残害压迫的。赵女假装疯癫,金殿
之上嬉笑怒骂、以装疯渡过灾难的正义性格以及对与逃亡丈夫
将来一定可以团聚的信念,都被梅先生完全表现出来。它受到

广大观众的欢迎，说明了人民的爱憎分明，对于无权无势受压迫的赵女赋予热情的歌颂，对于利欲熏心、损人利己的赵高的痛恨鄙视，充分的表现了人道主义的思想。"这些当年的评论还是十分中肯的。

上述《宇宙锋》这 40 幅剧照所表现的剧情，在许姬传、朱家溍所著《梅兰芳的舞台艺术》一书《宇宙锋》的两场戏及《梅兰芳戏剧剧本集》中，都有着具体的台词和剧情描述。现依旧按原照剪裁放大，并根据上述著作所载剧情，"白话"简编记录如下，一见梅兰芳于从事舞台艺术 50 年之时在《宇宙锋》中饰演赵女艳容的风采。

1. 第 1 场《修本》：第 75—102 幅，共 28 幅

第 75—78 幅：赵高上场，念引（引子，即戏曲角色初上场时的一段唱或说白，一般常念五言或者七言的上、下两句诗，来说明人物上场时的戏剧情景或者人物心态，称之为"念引"）："月影照纱窗，梅花映粉墙。"并念诗："人道老夫奸；我看世人偏；若无良谋智，焉能富贵全。"随后说道："老夫，赵高。在二世驾前为臣，官居首相。在朝与同官匡洪素有仇恨，虽为儿女姻亲，终日冤家作对。前者，圣上恩赐匡洪宝剑一口，名曰'宇宙锋'，是我心生一计，差人盗取到手，刺王杀驾，陷害他的满门。闻听人言，他子匡扶乔装逃走，家丁赵忠冒名丧命；我那女儿当着校尉人等，哭了一声赵忠丈夫。不知可有此事，不免将女儿唤出问个明白。"赵高即命门官到后堂传话"请小姐出堂"。门官遵命到后堂传话，请小姐出堂。哑奴随赵女上台。赵女念引："杜鹃枝头泣，血泪暗悲啼。"随后说道："参见爹爹。"（许姬传、朱家溍按：赵女念引子的时候，带着凄凉的声调，露出哀怨的样子。"参见爹爹"虽然是一句

第 75 幅：经放大的第 1 场《修本》中赵高出场念诗"人道老夫奸，我看世人偏；若无良谋智，焉能富贵全"剧照之局部。

第 76 幅：经放大的第 1 场《修本》中赵女与哑奴上场后，问赵高"爹爹，唤女儿出堂有何吩咐"剧照之局部。这幅被选作宣传用剧照。

第 77 幅：经放大的第 1 场《修本》中赵高灯下修本，为其女改过匡家之罪剧照之局部。

很平常的话，但语气和神情都含有怒意，表现和她父亲的对立关系）赵高："罢了，一旁坐下。"赵女问道："爹爹，唤女儿出堂有何吩咐？"赵高："为父朝罢而归，有人报道我儿哭那家人赵忠一声丈夫。不知可有此事？"赵女故作镇静，示意哑奴赵高已知此事后答道："爹爹此言差矣，儿亲眼见夫被校尉杀死，想那赵忠，他是甚等样人，女儿岂肯叫他一声丈夫。并无此事。"赵高："原来如此。"

赵女紧接着说道："爹爹，想儿夫已死，公公年迈，还望爹爹看在女儿份上奏免匡家之罪。"赵高："也罢，今晚灯下修本，明日早朝启奏万岁，与我儿改过匡家之罪也就是了。"赵女："此乃爹爹恩德。哑奴，溶墨伺候。"（许姬传、朱家溍按：赵女因父答应替她修本而高兴，所以"此乃爹爹恩德"一句念得非常甜蜜。"哑奴，溶墨伺候"这一句，看哑奴一眼，用手比着磨墨的姿势，表现赵女告诉哑奴，事情已有好转）随后，赵女唱道："老爹爹发恩德将本修上，明早朝上金殿面奏吾皇，倘若是有道君皇恩浩荡，观此本免了儿一门祸殃。"（许姬传、

第 78 幅：经放大的第 1 场《修本》中赵女唱"老爹爹发恩德将本修上，明早朝上金殿面奏吾皇"剧照之局部。

第 79 幅：经放大的第 1 场《修本》中秦二世来到赵府，看见赵女生得美丽，两眼发直，在偷偷欣赏剧照之局部，这幅被选作宣传用剧照。

第 80 幅：经放大的第 1 场《修本》中秦二世命赵高将其女送进宫中，并封赵高为当朝太师剧照之局部。

朱家溍按：这一段唱，表现了赵女对自己前途抱着希望，是全剧中唯一的一段愉快情绪）

第 79、80 幅：秦二世在幕后道："摆驾。"太监引上后，秦二世又道："适才间观花灯与民同庆，信步儿来至在相府门庭。"门官上："参见万岁。"秦二世："平身。赵相国可在府中？"门官："现在书房修本。可用通禀？"秦二世："不用通禀，你且回避。"随后，秦二世掩灯而进，唱道："内侍掩灯相府进。"

此时，哑奴正在剪蜡花，站在桌子前面，把赵高和赵女的视线都给遮住了，以至于秦二世进来全没看见。等到哑奴剪完了蜡花，赵氏父女才从地下灯影中发现，秦二世已经在那里欣赏美人。赵高连忙起身跪下："老臣接驾。"秦二世接着唱道："灯光之下一美人。"赵女和哑奴急忙下去。赵高再呼："臣赵高见驾，吾皇万岁。"秦二世："卿家平身。"赵高起立："万万岁。"秦二世问道："卿家在此作甚？"赵高答道："在此修本，我主龙目御览。"秦二世："待寡人看来。"赵高："是。"此时，秦二世已经把全副精神贯注在赵女身上，无暇看本，随便一览便说道："哦，原来是为匡家之事，寡人一概不究。"赵高立即说道："我主真乃有道明君。"秦二世则马上问道："卿家，适才灯光之下，那一美貌女子，她是何人？"赵高答道："乃为臣小女，匡扶之妻。"秦二世说道："我想匡扶已死，岂不误了令媛青春，寡人有意将她宣进宫去，同掌山河。"赵高赶忙回道："明日早朝送进宫去，陪王伴驾。"秦二世高兴地说："如此，卿家听封。"赵高立即跪下："臣在。"秦二世："封你为当朝太师。"赵高："谢主隆恩。"秦二世随即令内侍掌灯回宫，并唱道："心中得意回宫廷，明日早朝会美人。"太监引秦二世下台而去。赵高留在堂上。

第81—89幅：赵女与哑奴同上。赵高笑着说道："儿啊，坐下，坐下，哈哈哈！"赵女问道："爹爹，适才圣驾到此，所为何事？"赵高："适才万岁到此，看了为父的本章，言道匡家之事一概不究。"

赵女见自己的愿望得到初步实现，高兴地说道："真乃有道明君。"赵高："是哇，有道明君。恭喜我儿，贺喜我儿。"赵女再问道："女儿喜从何来？"赵女略感惊诧，料到恐怕不是什么好事，不晓得赵高又在打什么坏主意。赵高说道："适才万岁，在灯光之下，见我儿生得美貌，意欲纳进宫去作为妃嫔。岂不是大大一喜。"赵女顿觉受到突如其来的打击，又惊又怒，两眼盯住赵高，惊恐地问道："爹爹你……你是怎样回复圣旨呢？"赵高回道："明日早朝送进宫去。"赵女用袖子擦了一下眼泪，用手指着赵高说："爹爹呀！你乃当朝首相，位列三台，连这羞恶之心，你……都无有了么！"然后，她的左脚微微小顿，露出凛然难犯的态度（许姬传、朱家溍按：这几个身段，表现赵女对于父亲的卑鄙行为实在痛恨。但两人还没发展到最尖锐的程度，所以这里还只是带着责备的样子和不屑

第81幅：经放大的第1场
《修本》中哑奴恭贺赵女得免匡
家之罪剧照。

一顾的神气）。随后，赵女唱道："老爹爹在朝中官高爵显，却为何贪富贵不顾羞惭！"赵高："你敢违背父命么！"赵女："爹爹呀！有道是先嫁由父母，后嫁由自身；此事只怕就由不得你了哇！"赵高："怎么就由不得我？"（许姬传、朱家溍按：念"爹爹呀"时，赵女双手两搭袖起叫头，"先嫁由父母"时双手由左方拱起，"后嫁由自身"，右手扯着左袖，横在胸前，用腰上的劲微微一晃，到末一句擦眼泪，左手摔袖。这几个身段表现赵女比刚才的情绪又紧张一步。但面部表情和身上的劲头，都表现着自己只要不答应这件事，赵高绝对办不成，好像有些把握似的）赵女唱道："想当初嫁儿身已从父愿，到如今还叫儿争宠君前。"唱到这里，赵女把袖子拿起来往下一扔。赵高高声问道："你敢违抗圣旨？"赵女拿手比着刀的样子，用右手指着头高亢地答道："爹爹呀！慢说是圣旨，就是一把钢刀，将女儿的头斩了下来，也是断断不能依从的呀！"随后，她用双袖摔向赵高，继续唱道："见此情我这里不敢怠慢，必须要定

第82幅：经放大的第1场
《修本》中赵女闻听将被父亲送
进宫去后又惊又怒剧照。

第 83 幅：经放大的第 1 场
《修本》中赵高责问赵女"难道
你不遵父命"剧照。

第 84 幅：经放大的第 1 场
《修本》中赵女告诉其父"慢说
是圣旨，就是一把钢刀斩女儿
的头，也断断不能依从"剧照。

巧计才得安然。"此时，赵女突然发现哑奴在打着手势向自己示意，接着唱道："见哑奴，她叫我，把乌云扯乱！"并用颤抖的右手指向头发，苦笑着继续唱道："抓花容，脱绣鞋，扯破衣衫。"然后，做出相应的动作。赵高："这是怎么样了，你莫非要疯么？"赵女"呀"了一声，双手叉腰，与赵高面对面地唱道："他那里道我疯随机应变，倒卧在尘埃地就信口胡言。"（许姬传、朱家溍按：这时一边走一边唱，到了台的正中，向右转身，双手搭袖分开，慢慢地坐在地下，唱腔刚好唱完，这是试做装疯的第一个大身段）

第 89—102 幅：赵高上前将赵女搀了起来，说道："儿啊，起来，起来。你当真疯了么？"赵女站了起来，手指上翘，装作疯疯癫癫地说道："啊，哈哈哈哈，我要上天，我要上天，我要上天。"赵高应道："啊，儿啊！天高上不去。"赵女："噢，上不去。"赵高："上不去。"赵女一边继续"啊，哈……"地笑着，一边向左转身，又打赵高的嘴巴，又拍手笑着说道："我要入地，我要入地，我要入地。"赵高："儿啊！地厚无门下不去。"赵女："噢，下不去。"她向右转身打赵高的嘴巴，拍着手继续笑着走向台中间（许姬传、朱家溍按：这个左右两次拍手笑的身段在舞台上演出时，露出手举着拍，有时两手上下互换位置来拍，也有时用两个水袖左右交叉着舞动，好像两个白蝴蝶上下翩翩的飞舞。梅先生常说，舞台上的动作，除非要变繁重的身段，需要预先设计部位角度，不断地练习求得准确，到了舞台上才能很自然的演出来，至于一般的身段表情动作的变化，都是在舞台上临时下意识地做出来的。如果刻板地来做每个动作，就会有脱离生活的倾向。有时则是根据具体情况加以改变的，比如在拍手笑的时候，如果手已经露出来就用手拍，如果手刚刚一动而水袖已经垂下来，就不必再特意把水袖扯回去，

第85幅：经放大的第1场《修本》中赵高质问赵女"你敢违抗圣旨"剧照。

第86幅：经放大的第1场《修本》中"哑奴示意赵女抓花容、脱绣鞋、扯破衣衫装疯"剧照。

只需顺着自然的劲，用水袖上下交叉地舞着。他认为：先求稳当，次求变化，是合乎艺术创造规律的。梅先生一九三五年访苏演出，苏联戏剧家看了戏以后说：中国古典戏剧的表演是"有规则的自由动作"，这句话最能说明上面这些问题）。

赵女又拉住赵高说："啊，爹爹，你是我的……"赵高："爹爹。"赵女看着赵高，作出用力向上撕着赵高一根胡子的姿势说道："儿啊！"然后，她又把手中的胡子向空中一吹，极力克制内心的苦痛，用几乎要哭出来的声调唱道："我这里假意儿，睁杏眼，摇摇摆，摆摆摇，扭捏上前。"而后，赵女说道："官人来了，官人在哪里？哎呀，官人哪！"说着，她朝赵高的方向用双手一扑，接着唱道："我只得把官人一声来唤，一声来唤，奴的夫哇！"（许姬传、朱家溍按：此时，赵女边说着，边朝赵高慢慢地迈步，左手向他一招手，右手向他一招手；然后抬起左手袖，脸向外露出羞涩尴尬的神气。伦理观念使她思想发生矛盾，但一转念这严重紧急的关头，如果不这样做，是不能叫赵高相信她是真疯的，因此咬定牙关，右手一投袖，表示下了决心。随着"唤"字的腔，左手一投袖，随着"奴的夫哇"的腔，双手持住赵高的胡子，唱完这一句，她在情绪上仿佛透过一口气，减少了不少负担似的）而后，赵女一边说道"官人，这里来"，一边脸上含羞，抓住赵高的右手，夹在自己左臂底下，挪出右手向旁边指着，接着唱道："随我到红罗帐共话缠绵。"赵高气急败坏，喊道："呸！"（许姬传、朱家溍按：原剧本这句唱词是"随我到红罗帐倒凤颠鸾"，这次拍电影修改了后面四个字，最近梅先生在舞台上演出又改成"随我到闺房共话缠绵"）这时，赵女轻轻地跌倒在地上，抬头瞪眼，露出惊怖的样子，嘴里喊着："打鬼，打鬼！"她望着空中边走边唱："那边厢，又来了，牛头马面。"赵女脸上现出笑容，双手作揖

第 88 幅：经放大的第 1 场《修本》中赵女经哑奴示意装疯，唱道"抓花容，脱绣鞋，扯破衣衫"剧照。

第 87 幅：经放大的第 1 场《修本》中赵女经哑奴示意后装疯，唱道"抓花容，脱绣鞋，扯破衣衫"剧照。

说道："请了，请了。"她又接着唱："玉皇爷，驾瑞彩，接我上天。"唱完，转身扶着哑奴下场。（许姬传、朱家溍按：梅先生在这一段唱中表现了他歌唱艺术的卓越成就，最高音符和最低音符的发音，他都能够发挥其共鸣部位最大的效能，使观众在最低的唱腔中，也一样听到足够的声音……在低音部分，也就是青衣唱法中最难见长的部分，他能够运用丹田气，深厚的传达出剧中人幽微曲折的思想感情，使观众领会到这种声腔所包含的复杂情绪。同样在这一段唱当中，每个身段姿势都非常生动而清楚，和歌唱是紧密结合的，每次到了结束的节奏，都表现静止的美，但下一个身段又是从这个身段生出来，身段与身段之间衔接得非常自然，始终贯穿着情绪，成为一种美的艺术

第 89 幅: 经放大的第 1 场《修本》中赵女装疯, 连连喊道"我要上天, 我要上天, 我要上天"剧照。这幅被选作宣传用剧照。

第90幅：经放大的第1场《修本》中赵女装疯，连连喊道"我要上天，我要上天，我要上天"剧照。

第91幅：经放大的第1场《修本》中赵女装疯，连连喊道"我要入地，我要入地，我要入地"。赵高说"地厚无门下不去"剧照。

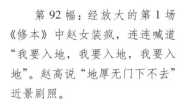

第92幅：经放大的第1场《修本》中赵女装疯，连连喊道"我要入地，我要入地，我要入地"。赵高说"地厚无门下不去"近景剧照。

第93幅：经放大的第1场《修本》中赵女装疯，连连喊道"我要入地，我要入地，我要入地。"赵高说："地厚无门下不去"剧照。

第94幅：经放大的第1场《修本》中赵女装疯，对父亲叫道"儿啊"，并拔其父的胡子剧照。

第95幅：经放大的第1场《修本》中赵女装疯，对父亲叫道"儿啊"，并拔其父的胡子剧照。这幅被选作宣传用剧照。

第102幅：经放大的第1场《修本》中赵女装疯，对父亲叫道"儿啊"，并拔其父的胡子特写剧照。

第96幅：经放大的第1场《修本》中赵女装疯，唱道"我这里假意儿，睁杏眼，摇摇摆，摆摆摇，扭捏上前"剧照。

第97幅：经放大的第1场《修本》中赵女装疯，唱道"我这里假意儿，睁杏眼，摇摇摆，摆摆摇，扭捏上前"剧照。

第98幅：经放大的第1场《修本》中赵女装疯，唱道"我这里假意儿，睁杏眼，摇摇摆，摆摆摇，扭捏上前"近景剧照。

程式）。赵高在后面望着，满脸丧气地说："嘿！不想她忽然得了疯癫之症，待我将此事启奏万岁，唉！好晦气也。"然后下场。至此，第一场《修本》结束。

2. 第2场《金殿》：第103—114幅，共12幅

第103—105幅：金殿之上，是6根朱漆描金的大圆柱、巨大的屏风和悬挂的宫灯。秦二世端坐在富丽堂皇的宝座之上，4个小太监、2个大太监和4朝臣、众武士侍立在两旁，一派威严（许姬传、朱家溍按：舞台上演出的时候，在［西皮小开门］的牌子中，秦二世上场，念引子"凤阁龙楼，万古千秋"。电影中这一场，开始，秦二世就已经坐在宝座上面，所以就不念引子了。宝座前面不摆桌子，为的是使赵女和皇帝之间的距离没有障碍。桌子摆在上面，只见皇帝的上半身，减弱了威严，同时也减弱了对赵女的威胁）。秦二世唤道："赵太师。"赵高："臣在。"秦二世问道："卿女可曾带上金殿？"赵高连忙答道："启奏万岁，臣女昨晚偶得疯狂之

第 99 幅：经放大的第 1 场
《修本》中赵女装疯，把其父当
作丈夫，唱道"随我到红罗帐共
话缠绵"剧照。这幅被选作宣传
用剧照。

第 100 幅：经放大的第 1 场《修
本》中赵女装疯，把其父当作丈夫，
唱道"随我到红罗帐共话缠绵"剧照。

第 101 幅：经放大
的 第 1 场《修本》中
赵女装疯，唱道："那
边厢，又来了牛头马
面……玉皇爷驾瑞彩接
我上天"剧照。

症，不能前来见君。"秦二世紧接着问道："昨晚灯光之下还
是好人，怎么得了疯症？"随后，他命道："赐她龙车凤辇，
带上金殿，寡人观看。"赵高："领旨"，转身而下。秦二世紧
跟着说道："御林军。"大太监喊道："御林军进殿哪。"4 个御
林军一身戏装，分两边上来，到台中间呈一排跪下见驾。御
林军："参见万岁。"秦二世："殿角伺候。"大太监："殿角伺
候。"此时，赵高引赵女出场，哑奴、车夫与他们同上。赵女
唱道："低着头下了这龙车凤辇"（许姬传、朱家溍按：赵女这
一句，向前上步，抬眼看，随着锣鼓，一惊，在这森严的殿
廷，她意识到如果应付稍有疏漏，不但前功尽弃白白送了性
命，并且与她丈夫也永无破镜重圆之日了），随后接着唱道：
"到如今顾不得抛头露面。"赵高："儿啊，随我上殿。"赵女
瞪眼和赵高打了一个照面，然后高视阔步，亮出一个类似花
脸的架子，用男性角色的身段往前，来至在玉石阶前（许姬
传、朱家溍按：这一场戏是赵女和皇帝作面对面的斗争。梅
先生在这里把赵女富贵不能淫，威武不能屈的性格表现得非

第 103 幅：经放大的第 2 场《金殿》中秦二世　　　第 104 幅：经放大的第 2 场《金殿》全景剧照。
端坐在金殿宝座之上，4 武士参见皇帝剧照。

第 105 幅：经放大的第 2 场
《金殿》中赵女乘龙车凤辇上场
剧照。

常鲜明而深刻。赵女唱"到如今顾不得抛头露面"的时候，从哀怨的唱腔和娴静的面部表情，流露出一个被摧残压迫的善良女性的本来面目。她的心里当然是害怕，但她知道只是害怕是闯不过关的。必须沉住气，扩大装疯的动作，才能使昏君相信她是真的疯了，所以在唱完这句以后就鼓起勇气换一副面貌。从这一个亮相开始，就准备迎接新的战斗。这一场装疯的动作之所以完全采用男性角色的身段，是为了突出表现在皇帝的金殿上和赵高的书房里装疯环境的不同。在家庭里装疯是通过缓慢的歌唱舞蹈作试探性的反抗，金殿上是通过侃侃而谈的念白和响亮的锣鼓声音来发挥赵女的斗争性格）。这时，赵女"哈哈……"地冷笑。赵高忙不迭地说："哎呀！坏了，坏了。"赵女接着唱道："看看这无道君怎把旨传"，表现出一副满不在乎的样子。

　　第106—114幅：赵高道："儿啊，上面就是万岁，上前见驾。"赵女以非常夸张的男子动作，用水袖掸了掸鞋、掸了掸衣服，掸完了拱手笑着向上面说："哟，上面坐的敢莫是皇帝老官，恭喜万福，贺喜你发财呀！"秦二世怒问道："嗯！见了寡人因何不跪？"赵女答道："有道是：你大人不下位，我生员么（用右手在鼻子上一抹，发出一个吸气的声音），喏喏喏，是不跪的哟！"一副酸秀才的举止。见此，秦二世说道："果然疯癫，倒叫寡人好笑哇，哈哈哈……"赵女接话道："你也好笑哇，哈哈哈……"秦二世："嗯！寡人笑你疯癫，你笑寡人何来？"赵女："你笑得我疯癫，我就笑得你这荒淫无道。"（许姬传、朱家溍按：这两句念得锋利有力，表现出赵女试图用进攻的方式进一步试探对方的心理，或者更可以迅速地闯过这一关）秦二世追问道："怎见得寡人无道？"赵高和众朝臣抢先反驳赵女说："我主乃有道明君。"引来了赵女一段半真半假的嬉

第106幅：经放大的第2场《金殿》中赵女装疯，唱道"你笑得我疯癫，我就笑得你这荒淫无道"剧照之局部。这幅被选作宣传用剧照。

第107幅：经放大的第2场《金殿》中赵女装疯，说道"你这昏王，荒淫无道，不理朝纲……这江山，你家未必坐得长久哟"剧照。

笑怒骂："列位大人、老哥，你等听了：想先皇当年，东封泰岱，西建咸阳，南收五岭，北造万里长城。指望江山万代，永保平安，不想被你这昏王，荒淫无道，不理朝纲。我想这天下乃人人之天下，非你一人之天下，似你这样任用奸佞、沉迷酒色，这江山，你家未必坐得长久哟！"（许姬传、朱家溍按：前面修本一场以唱为主，这场以这一段念白为主，所以必须用丹田气力念得十分饱满响亮沉着。从第一句到"想先皇当年，东封泰岱"……到"你家未必坐得长久哟"，在末一个字上叫起下面的唱来）赵女说完唱道："这昏王失仁义民心大变，听谗言贬忠良败坏了江山。"秦二世大怒："真乃疯话，哪里容得了，左右，刀门架起。"这时，4个御林军举起大刀，刀头在

第108幅：经放大的第2场《金殿》中秦二世
追问赵女"怎见得寡人无道"剧照。

第109幅：经放大的第2场《金殿》中秦二世
怒道"真乃疯话，哪里容得，左右，刀门架起"剧照。

上面交叉着，刀光闪闪。赵女露出一些恐惧的样子，但很快就
收敛起来，感到示弱就会被别人看破，要达到自己的目的，就
必须坚持装疯。于是，她一个转身就钻进了刀门（许姬传、朱
家溍按：京戏老的演法，在这里用普通的刀斧手，拿着短刀举
起来。梅先生感觉到气氛不够，就改成现在的样子，这样可以
加强刀斧的威胁和赵女在刀下的坚强反抗），怒斥道："哣（音：
dōu。早期白话文中，用来形容怒斥的声音）！我把你们这些狐
假虎威的强盗，狗仗人势的奴才。我乃当朝首相之女，指挥老
爷之妻，岂容你们这样放肆，大胆，可恶，记打，哎呀记……
记责啦！"

这时，御林军撤去刀门。赵女唱道："怒冲冲我把这云鬓

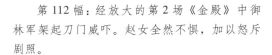

第 112 幅：经放大的第 2 场《金殿》中御林军架起刀门威吓。赵女全然不惧，加以怒斥剧照。

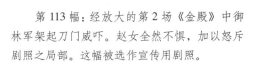

第 113 幅：经放大的第 2 场《金殿》中御林军架起刀门威吓。赵女全然不惧，加以怒斥剧照之局部。这幅被选作宣传用剧照。

扯乱"，边唱边舞，边脱去凤冠蟒袍，又连续唱道："气得我咬牙关火上眉尖，我手中有兵刃决一死战，把这些众狂徒就斩首在马前。"唱完，她把两手交叉在胸前，一副毫无顾虑的样子。秦二世怒道："再若疯癫，斩头来见。"赵女回道："哎呀呀！我也不知道这皇帝老官有多大脸面，动不动就要斩人家的首级下来。你可晓得，人的首级，斩了下来，它……还长的上哦。"（许姬传、朱家溍按："还长的上哦"这句词是梅先生最近修改的。原词是"一个人的头若是斩了下来就长不上了"）赵高上前挨近赵女，说道："哎呀！儿啊，斩了下来就长不上了。"赵女："哦！长不上了。爹爹。"她立刻又拉住赵高哭着说："啊……老……哥哥，我的儿啊。"赵高："哎呀！又来了。"赶紧避开（许姬传、朱家溍按：赵女当听到父亲赵高对她说"长不上了"，觉得赵高还是怕她被皇帝杀掉不禁流露出一点父女之情，但怕露出破绽前功尽弃，于是立刻把爹爹改叫哥哥和

第 110 幅：经放大的第 2 场《金殿》中赵女说道"皇帝老官有多大脸面，动不动就要斩人家的首级下来"剧照。

第 111 幅：经放大的第 2 场《金殿》中赵女对父亲说道"人的首级斩了下来，它……还长的上哦"剧照。

第 114 幅：经放大的第 2 场《金殿》中赵高金殿请罪。秦二世罚俸三月，下令退班剧照之局部。

儿，来掩饰刚才流露出来的情感。在这一刹那的时间，梅先生面部表情的变化，给了观众一个难以磨灭的印象）。此时，秦二世说道："押下殿去。"赵女唱道："此一番在金殿装疯弄险。"她的面部已经消失了装疯的样子，见到唯一的亲人——哑奴之后，两人搀扶着，虽是极度的疲劳，亦带有"我居然又回来了"的情绪，以及何时能与夫君相见的期盼，便接着唱道："但不知何日里夫妻重圆。哈哈，哈哈，啊哈……"（许姬传、朱家溍按：在这出戏里，赵女之所以能够向恶势力作斗争，是因为她是具有坚强性格的正义人物，但她梦想夫妻团圆的强烈愿望，也是支持她进行斗争的一种力量。在最后一句唱腔中，赵女感慨自己的身世，不敢放声痛哭，因而不得不再回过身去，以三声疯笑来发泄胸中的隐痛，最后的一声疯笑尾音就带着哭声了。这个凝重而悲凉的结尾，使观众感到赵女的前途是难以乐观的）最后，赵高面向秦二世说道："老臣请罪。"秦二世说

笔者所藏民国时期德国高亭公司出品的梅兰芳《宇宙锋》老唱片及唱片袋。

第85幅：经放大的刘连荣在《宇宙锋》中扮演的赵高剧照之局部。

道："罚俸三月。"赵高："谢主隆恩。"秦二世："退班。"至此，《宇宙锋》全剧终。

关于这部戏，许姬传、朱家溍的评论虽然已是半个多世纪之前的看法，但依然中肯、准确："《宇宙锋》这出戏在早年是不被重视的，演员把它当作一出单纯的唱工戏，有时候只唱《修本》一段。观众对这样的戏也没有什么很高的要求。梅先生对于演戏有了新的理解以后，决定要给呆唱的瘟戏打开艺术的宝藏，所以选择了这出戏，作为改革的对象。他在京剧丰富的遗产基础上进行了创造和加工，既未受到程式的限制，又发挥了创造精神，使这个传统剧目充满了生活气息，因而面貌一新。"

上述《宇宙锋》40幅老照片所记述的，正是梅兰芳对戏剧舞台艺术的创新及其舞台人物所要表达的思想与情感的生动写照。在这出改造传统剧目而成的"新戏"中，黑白瞬间带给人们的是"充满了生活气息"的"光明"和"面貌一新"的"希望"。"给呆唱的瘟戏打开艺术的宝藏"，这就是梅兰芳舞台艺术的生命所在，也是这些老照片的价值所在。

老照片中与梅兰芳配戏、饰演赵高的刘连荣，1900年生于北京。他是著名的净角花脸演员，自幼学戏，15岁入喜连成班；先学梆子老生，后从姚增禄学武生，又改花脸，师从萧长华等人，以演架子花脸为主；此后留班演戏，不计名利，善于配戏；后来加入梅兰芳领导的承华社，成为梅兰芳剧团的当家花脸。刘连荣与梅兰芳合演的第一出戏就是《宇宙锋》，他饰赵高，一炮打响，轰动京都，自此一发而不可收，成了梅兰芳的长期合作者。而后，他又以净行应工，接替了杨小楼以武生应工的项羽一角，与梅兰芳联袂演出《霸王别姬》；并在20世纪30年代随梅兰芳出访美国、苏联，与梅兰芳合演《霸王

第89幅：经放大的张蝶芬在《宇宙锋》中扮演的哑奴剧照之局部。

第109幅：经放大的姜妙香在《宇宙锋》中扮演的秦二世剧照之局部。

别姬》等剧；1949年后，仍留在梅兰芳剧团，再后来亦曾为梅兰芳之子梅葆玖配戏。

老照片中与梅兰芳配戏、饰演哑奴的张蝶芬（1914—1978），是著名京剧旦角演员。他8岁拜尚小云为师习青衣、花旦，12岁登台演出，后又拜梅兰芳为师，曾傍"四大名旦"、"四小名旦"和诸多名家。张蝶芬饰演过《能仁寺》的张金凤、《棋盘山》的薛金莲、《锁麟囊》反串的胡婆、《樊江关》的樊梨花等角色，一生中则以饰演《四郎探母》里的萧太后最为出名，享有"捧角瓷实傍角严"、从不抢戏的美誉。后来，他长期辅佐梅兰芳；梅兰芳逝世后，到北京市戏曲学校任教。

老照片中与梅兰芳配戏、饰演秦二世的姜妙香（1890—1972），是一位著名的京剧表演艺术家。他7岁拜师学京剧，习旦角；1901年，入宝胜和班；1915年后，入双庆班，改演小生戏，成为京剧著名小生演员。1915年正月，姜妙香与高庆奎在北京吉祥戏院合演《黄鹤楼》，他饰演的周瑜一鸣惊人。自1916年与梅兰芳合作演出《玉堂春》，开始了他们二人长达45年之久的艺术合作之路。姜妙香在梅兰芳创演的全部新戏和梅派传统剧目中，塑造了各种类型的人物形象，使他的表演艺术影响深远。姜妙香还参与了梅派几乎全部新戏，如《黛玉葬花》、《千金一笑》、《牢狱鸳鸯》、《洛神》、《西施》等剧目中小生唱腔的创作，近70岁时还为梅兰芳的新剧《穆桂英挂帅》设计了小生唱腔，在发展小生声腔艺术方面，具有承前启后的作用，受到人们的喜爱，流传不衰。姜妙香曾随梅兰芳剧团赴日本、香港演出。1951年，他调任文化部戏曲改进局戏曲实验学校（后为中国戏曲学院）教授。

（三）京剧《霸王别姬》剧照 38 幅

在影片《梅兰芳的舞台艺术》中，《霸王别姬》为 5 出戏中的最后一出，老照片集收录在第 3 出，故按此顺序排列。

这 38 幅照片共 15 页，均为 1955 年拍摄的原作黑白照片；其中，除去 1 幅为 4 寸、3 幅为 3 寸外，其余的 34 幅均为 6 寸照；有 9 幅被选作宣传用剧照。遗憾的是，每幅照片均没有任何的文字说明，也没有关于剧目、演出者及剧情的简介；而且，第 122、138、142 幅缺失。

《霸王别姬》是人们非常熟悉的梅派经典名剧之一，在梅兰芳的舞台艺术中占有十分重要的地位。它讲述的是秦末西楚霸王项羽和爱妃虞姬的故事。据载，以楚汉相争为历史背景的戏曲剧目，在我国戏曲史料中，最早的有元朝（1206—1368）张时起所编杂剧《霸王垓下别虞姬》，却早已失传；此外，著名的尚有明朝（1368—1644）沈采所编传奇《千金记》等等。《霸王别姬》一名《九里山》，又名《楚汉争》、《亡乌江》、《十面埋伏》，是清逸居士根据昆曲《千金记》和《史记·项羽本纪》中关于霸王项羽在和汉王刘邦争夺统治权的战争中兵败，自知大势已去，于突围前夕，不得不和虞姬诀别的记载编写而成。其剧情主要是：秦末，楚汉相争。汉将韩信命李左车诈降项羽，诓项羽进兵。韩信在九里山设下十面埋伏，将项羽困于垓下。项羽突围不成，又听得四面楚歌，疑楚军尽已降汉，就在营中同虞姬饮酒作别。虞姬自刎后，项羽杀出重围，迷路，至乌江，感到无面目见江东父老，自刎江边。

据载，该剧由杨小楼、尚小云在北京首演。1918 年春，杨小楼在北京第一舞台排演了一至四本《楚汉争》。剧中，杨第 115、116 幅：《霸王别姬》第 7 场《项羽大战九里山》中"项羽上场及汉军 8 名大将把项羽围住"之原大 2 幅 6 寸黑白剧照。

第 117、118 幅:《霸王别姬》
第 7 场《项羽大战九里山》中"项
羽被汉军 8 名大将围住"和"项
羽同两太监回到营帐"之原大
2 幅 6 寸黑白剧照。第 118 幅被
选作宣传用剧照。

第 119、120 幅:《霸王别姬》第 8 场《别姬》中"虞姬上场唱道:'自从我随大王东征西战,受风霜与劳碌年复年年'"之原大 2 幅 6 寸黑白剧照。

　　第 123、124 幅：《霸王别姬》
第 8 场《别姬》中"项羽酒后
入睡。虞姬出帐散愁心，并说
道：'看云敛晴空，冰轮乍涌，
好一派清秋光景……只是四野
俱是悲愁之声，令人可惨'"之
原大 2 幅 6 寸黑白剧照。

121

第121、122幅:《霸王别姬》第8场《别姬》中"项羽回营，虞姬迎入，项羽道:'此一番连累你多受惊慌'"之原大1幅6寸黑白剧照。第122幅缺失，为"二人全身坐帐饮酒"照。

小楼饰项羽，尚小云饰虞姬。因剧本较长，分两天演完：头、二本《楚汉争》首演于3月9日夜场，由项羽坐帐、发兵，与汉将交战，到被困垓下、虞姬自刎止；三、四本《楚汉争》首演于4月18日夜场，演的是虞姬死后，项羽突围，行至三岔路口，为田夫所骗，误走乌江，从骑皆战死。汉将扮作亭长，诱项羽上船。项羽自感无颜去见江东父老，遂拔剑自刎。另据朱家溍在《梅兰芳年谱未定草》中记载：1921年，梅兰芳"组织崇林社与杨小楼合作。编写《霸王别姬》剧本，齐如山执笔，吴震修删创作并练习舞剑"；于1922年"2月15日，在第一舞台，崇林社夜戏，杨小楼、梅兰芳、王凤卿、钱金福、许德义（第一次上演）《霸王别姬》"。戏中，梅兰芳扮演虞姬，杨小楼扮演项羽，王凤卿扮演韩信。梅兰芳扮演的虞姬，雍容华贵，头戴如意冠，身穿鱼鳞甲，外罩明黄色绣花斗篷，举止端庄，气质典雅，楚楚动人。尤其是他的演唱，曲调清新，凄

第 125、126 幅：《霸王别姬》
第 8 场《别姬》中"三、四更时，
两更夫巡更，议论为何四面汉军
所唱歌声跟楚人唱的一样，被虞
姬听到"之原大 2 幅 6 寸黑白剧
照。

第 127、128 幅：《霸王别姬》第 8 场《别姬》中"虞姬偷听更夫议论霸王中计兵败，大家各奔他乡，及回帐叫醒项羽告知"之原大 2 幅 6 寸黑白剧照。

　　第 129、130 幅：《霸王别姬》
第 8 场《别姬》中"虞姬偷听更
夫议论霸王中计兵败，大家各
奔他乡，及回帐叫醒项羽，告
知军心已散、兵营四周有楚国
歌声"之原大 2 幅 6 寸黑白剧照。

第 131、132 幅：《霸 王 别
姬》第 8 场《别姬》中"虞姬
请项羽到账外去听四面尽是楚
歌声。项羽吩咐两太监速探回
报"之原大 2 幅 6 寸黑白剧照。
第 132 幅被选作宣传用剧照。

第 133、134 幅:《霸王别
姬》第 8 场《别姬》中"项羽
告诉虞姬'孤此番出兵与那贼
交战,胜败难定……看此情形,
就是你我分别之日了'",并唱
道"'十数载恩情爱相亲相依,
眼见得孤与你就要分离'"之原
大 2 幅 6 寸黑白剧照。第 133
幅被选作宣传用剧照。

第135、136幅:《霸王别姬》
第8场《别姬》中"项羽、虞
姬同饮酒。项羽掷杯后唱道:
'力拔山兮气盖世,时不利兮骓
不逝;骓不逝兮可奈何,虞兮虞
兮奈若何!'虞姬唱道:'大王慷
慨悲歌,令人泪下',遂取剑起
舞"之原大2幅6寸黑白剧照。
第136幅被选作宣传用剧照。

第 137、138 幅:《霸王别姬》第 8 场《别姬》中"虞姬唱'劝君王饮酒听虞歌,解君忧闷舞婆娑。嬴秦无道把江山破,英雄四路起干戈。自古常言不欺我,成败兴亡一刹那。宽心饮酒宝帐坐'"之原大 1 幅 6 寸黑白剧照。第 138 幅缺失,被选作宣传用剧照。

凉婉转,揭示了虞姬的心情和处境;其载歌载舞特别是剑舞,更展现了人物的纯情与风采,使虞姬的艺术形象达到了精美绝伦的境界。同样,杨小楼塑造的项羽勇冠三军、性格倔强、刚愎自用的失败英雄的形象,亦是深入人心。杨小楼身量魁梧,他嗓音清脆、气宇轩昂的表演,则一开武生表演霸王之先河。由此,《霸王别姬》成为梅剧的经典。许姬传、朱家溍在《梅兰芳的舞台艺术》一书中记载,这出戏后来又经历了梅兰芳、杨小楼两位先生十几年的磨砺。他们付出大量的心血,使其日臻完善:"梅先生和杨先生从开始编演,到一九三六年的秋天在北京的合作演出,前后十六年(1938 年,杨小楼病逝。这是杨小楼与梅兰芳最后一次合作演出),他们在舞台实践中不断地修改,场子日益紧凑,台词逐渐精炼,表演深刻动人,他们以现实主义手法体现了项羽和虞姬这两个人物形象。观众从他们的歌唱、语言、表情、舞蹈各方面,看到了鲜明的典型性格,给观众留下不可磨灭的印象。"后来,经常为梅兰芳配演

第 139、140 幅:《霸王别姬》
第 8 场《别姬》中"虞姬舞剑"
之原大 2 幅 6 寸黑白剧照。

　　第 141、142 幅：《霸王别姬》
第 8 场《别姬》中"虞姬舞剑"
之原大 1 幅 6 寸黑白剧照。第
142 幅缺失。

　　项羽的演员还有金少山和刘连荣。这出戏在几十年间始终为观
众所喜爱，也是梅兰芳经常上演的剧目。

　　据许姬传、朱家溍两位先生介绍：这出戏全剧共有 9 场，
在 9 场本之前是一个 14 场的剧本，但上演时也有删减，常常
是按照 14 场的路子而不带项羽在乌江自刎。梅兰芳家中就保
存有这个 14 场的本子。另外，故宫也有一个铅印本，其台词、
场子比 14 场本还要多些。这个本子可能是 1922—1923 年期间，
由外面卖进去的一个最初演出本，那是清朝最后一个皇帝溥仪
还没有被撵出宫之时。而在 9 场戏里的第 8 场是虞姬和项羽在
全剧中重点表演的一场，影片《梅兰芳的舞台艺术》中的《霸
王别姬》选择的也就是这一场。之前，以前一场《项羽大战九
里山》之后的几个场面作为序幕而展开；记录这场戏的 38 幅
老照片也是由此开始拍摄的。

　　拍摄电影《梅兰芳的舞台艺术》时，《霸王别姬》的主要

第143、144幅:《霸王别姬》
第8场《别姬》中"虞姬舞剑"
之原大2幅6寸黑白剧照。这2
幅均被选作宣传用剧照。

　　第 145、146 幅：《霸王别姬》第 8 场《别姬》中"太监启奏：汉军人马分四路来攻。项羽吩咐众将分头迎敌，不得有误，并叫虞姬快快随他杀出重围"之原大 2 幅 6 寸黑白剧照。第 145 幅被选作宣传用剧照。

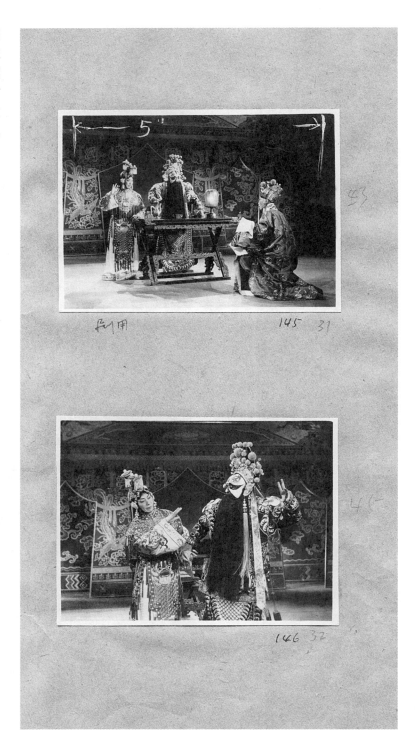

第 147、148 幅:《霸王别姬》第 8 场《别姬》中"虞姬告诉项羽:'妾身岂肯牵累大王,此番出兵倘有不利,且退往江东再图后举。愿以大王腰间宝剑自刎君前,免得挂念妾身'"之原大 2 幅 6 寸黑白剧照。

第 149—151 幅:《霸王别姬》第 8 场
《别姬》中"虞姬唱:'汉兵已略地,四面
楚歌声。君王意气尽,贱妾何聊生!'她
向项羽索剑,项羽不允。虞姬骗他汉兵
杀进来了,趁机拔出项羽的佩剑自刎而
死"之原大 3 幅 3 寸黑白剧照。第 150 幅
被选作宣传用剧照。

168

第152幅：《霸王别姬》第
8场《别姬》中"虞姬自刎而死。
项羽带所剩人马继续与汉军作
战而去"之原大1幅6寸黑白
剧照。

演出者，虞姬依然由梅兰芳扮演，项羽由刘连荣扮演。其剧情
介绍十分简练："刘邦拜韩信为大元帅，兴兵伐楚。韩信使李
左车到楚营诈降，楚霸王项羽听信李左车的话率军迎战。妃子
虞姬和众将力劝不能轻举妄动，项羽不听，结果被围在垓下，
韩信令人在楚营四周高唱楚歌，惑乱军心。项羽听到四面楚
歌，以为汉兵尽得楚地，大势已去。虞姬在筵前歌舞，安慰
项羽，汉兵进攻甚急，楚兵纷纷逃亡。虞姬执项羽之剑自刎，
项羽战死乌江。这里拍摄的是'九里山会战'和'别姬'两场。"

　　对此，许姬传、朱家溍在《梅兰芳的舞台艺术》一书中作
了更为详尽的介绍：《霸王别姬》是一出历史剧，这出戏的主
角是项羽和虞姬。《史记》曾记录过这段故事。公元前209年，
发生中国历史上第一次农民大起义。刘邦和项羽领导的武装力
量于公元前206年推翻了秦政权。项羽自立为西楚霸王，与刘
邦所部成为两个对立的集团互相攻击。后来，项羽犯了战略性
错误，被刘邦的汉军包围在一个叫垓下的山谷里，粮食尽绝。

虽然突围出来，但兵力已完全丧失，他就自杀了。刘邦建立了汉政权，做了皇帝。这是公元前 202 年的史实。

电影《梅兰芳的舞台艺术》中，《霸王别姬》的故事开始于项羽被困垓下。一天，项羽从战场回到军营。虞姬等待他带回好消息，相反，却是更不利的消息。项羽非常恼怒。虞姬安慰他并陪他喝了几杯酒。项羽在帐中就睡着了。虞姬一个人到帐外散步，夜色中听见四周远远传来楚人的歌声，同时听到士兵议论战局失败、想要散去的谈话。她赶紧进帐告诉项羽。项羽出来一听，果然四面有家乡人的歌声，估计刘邦已全部占领了楚地，也不会再有援兵来到，失败已不可避免。他非常愤恨：打了 5 年多的仗，推翻了暴秦，今日怎会一败至此？项羽继续喝酒，并叫虞姬作歌起舞。虞姬为了不增加项羽的烦恼，强作欢颜，为他舞剑。这时，刘邦的军队又开始进攻了。项羽要虞姬和他一起突围。虞姬怕给项羽增加负担、影响交战，就自杀在他面前。项羽只得忍泪上马，迎战去了。

上述老照片集里这 38 幅剧照记录了霸王别姬的故事，其中反映的楚霸王的英雄末路以及虞姬的自刎殉情，这一感天动地的爱情、这一悲情的一瞬，既定格在中国文学的字里行间和中国戏曲的舞台上，又定格在这黑白分明的老照片之中，共同构成了中国古典爱情中最经典、最荡气回肠的灿烂传奇。现依旧参照许姬传、朱家溍两先生所著《梅兰芳的舞台艺术》一书中的《霸王别姬》，以及《梅兰芳戏剧剧本集》中的台词和对表演的描述，按原照片或剪裁或放大，"白话"简编描述如下，再现纪念梅兰芳从事舞台艺术 50 年之时，在《霸王别姬》中饰演虞姬的内心和悲情。这 38 幅老照片的具体记录如下：

1. 第 7 场《项羽大战九里山》：第 115—117 幅，共 3 幅

第 115—117 幅：4 名汉军、汉将樊哙执大纛旗随韩信上场。韩信唱道："九里山下旌旗飘，十面埋伏立功劳。站立山顶把令旗摇。"这时，8 名汉将执旗上场布阵。李左车引项羽入阵。李左车下场，项羽追下，8 名汉将也一齐下场。韩信继续唱道："李左车引项王已入阵道，众诸侯齐奋勇争立功劳。只杀得血成河尸如山倒，灭西楚擒项王就在今朝。"项羽在幕后唱道："越杀越勇心暴躁"，随后上场。8 名汉将一同追上，包围了项羽。项羽接着唱道："汉军人马似水潮。不见周兰接应到。"此时，楚将钟离昧、周兰上场。周兰唱道："搭救大王出笼牢。"

钟离昧救走项羽，周兰被刺死，8 名汉将一起下场。韩信唱道："三军带马回营道，再定楚歌计一条。"他与众汉将下山而去。

第 115 幅：经放大的《霸王别姬》第 7 场中李左车引项羽入阵，项羽追赶剧照之局部。

第 116 幅：经放大的《霸王别姬》第 7 场中 8 名汉将一同包围了项羽。汉军人马似水潮，不见周兰接应到剧照。

2. 第 8 场《别姬》：第 118—152 幅，共 35 幅

第 118—122 幅：8 名宫女引虞姬上场。虞姬在营帐里等待项羽出战回来，希望他能带回好消息，并唱道："自从我随大王东征西战，受风霜与劳碌年复年年。恨只恨无道秦把生灵涂炭，只害得众百姓困苦颠连。"这时，4 名御林军、2 名太监引项羽上场。项羽唱道："枪挑了汉营中数员上将，纵英勇怎提防十面的埋藏。传将令休出兵各归营帐。"2 名太监喊道："大王驾到。"虞姬下位迎接项羽，蹲身朝他问安，强为欢笑地说道："啊，大王！"项羽接唱："此一番连累你多受惊慌。"他双手扶起虞姬，转身进门，坐在正面的椅子上。虞姬问道："大王，今日出战，胜负如何？"项羽回道："枪挑汉营数员上将，怎奈敌众我寡，难以取胜。此乃天亡我楚，非战之罪也！"虞姬安慰道："兵家胜负，乃是常情，何足挂虑。"紧接着，她又

说："备得有酒，与大王对饮几杯，以消烦闷。"并向宫女喊道："看酒！"宫女捧出酒壶，为他们两人斟上酒。他们对饮起来。项羽唱道："今日里败战归心神不定。"虞姬唱："劝大王休愁闷且放宽心。"项羽唱："怎奈他十面埋伏如何接应！"虞姬唱："且忍耐守阵地等候救兵。"项羽唱："没奈何饮琼浆消愁解闷。"虞姬唱："自古道兵胜负乃是常情。"项羽伸腰打了一个哈欠。虞姬道："大王身体乏了，帐内歇息片刻如何？"项羽道："妃子你要警醒了。"虞姬答道："遵命。"并吩咐宫女退下。项羽入后帐歇息。

第123—127幅：虞姬拿起桌上的一盏灯出帐巡视，归来后靠着桌子假寝。初更的锣鼓声过去，二更的锣鼓声将虞姬惊醒。她揉揉眼，站起来说道："看大王醉卧帐中，我不免去到帐外，闲步一回！"。虞姬走到帐外唱道："看大王在帐中和衣睡稳，我这里出帐去且散愁心。轻移步走向前荒郊站定，猛抬头见碧落月色清明。"（许姬传、朱家溍按：这句"且散愁心"给人出帐后仿佛透过一口气之感，梅先生在这里使用"南梆子"最高的唱腔，随着情感自然地发出优美的音韵，唱得凄清悲凉动人心魄。而后面所唱两句自然也就把阴森透骨的环境带出来了）随后，虞姬说道："看云敛晴空，冰轮乍涌，好一派清秋光景"。幕后，众兵士喊道："苦哇！"虞姬接着说道："唉！夜色虽好，只是四野俱是悲愁之声，令人可惨！只因秦王无道，兵戈四起，涂炭生灵；使那些无罪的黎民，远别爹娘，抛妻弃子，怎的叫人不恨！正是：千古英雄争何事，赢得沙场战骨寒。"此时，三更的锣鼓声响起，更夫上场。虞姬退到下场门里首偷听，听到两更夫聊天。更夫甲："伙计，你听见了没有？"更夫乙："听见什么？"更夫甲："怎么四面敌军唱的歌声，跟咱们家乡的腔调一个味儿，这是怎么回事啊？"更夫乙："是

第 117 幅：经放大的《霸王别姬》第 7 场中 8 名汉将一同包围了项羽剧照。

第 119 幅：经放大的《霸王别姬》第 8 场中虞姬等待项羽回营，并唱"我随大王东征西战，受风霜与劳碌年复年年"剧照之局部。

啊，不明白是怎么回子事啊？"更夫甲："我明白啦，这必是刘邦得了楚地，招来的兵都是咱们乡亲，所以他们唱的都是咱们家乡的腔调。"更夫乙："唉！咱们大王忠言逆耳，误用李左车，引狼入室，中了人家诱兵之计；这会儿被困在垓下，天天盼望着楚兵来救。可是刘邦又得了楚地，后援断绝了，这可怎么好！"更夫甲："要依我看，咱们大家一散，各奔他乡得啦！"虞姬听到"大家一散"，立刻按剑要上前制止，又听到更夫乙说："唉！别胡说，咱们大王爷的军令最严厉，万一有个差错，那可了不得，还是巡更要紧，走，走，走着！"说着，二人下场。虞姬注视着更夫下去之后，走到台中央，非常焦急地说道："哎呀，适才听众兵丁谈论，只因救兵不到，大家均有离散之心。哎呀，大王啊大王！只恐大势去矣！"随后，她悲观、失望地唱道："适听得众兵丁闲谈议论，口声声露出那离散之情。"汉兵在幕后唱起楚歌："田园将芜胡不归，千里从军为了

第 120 幅：经放大的《霸王别姬》第 8 场中虞姬等待项羽回营，并唱"恨只恨无道秦把生灵涂炭，只害得众百姓困苦颠连"剧照之局部。

第 118 幅：经放大的《霸王别姬》第 8 场中 4 名御林军、2 名大太监随项羽回营。项羽唱道："传将令休出兵各归营帐"剧照之局部。

谁！"虞姬倾听着远处的歌声，继续道："我一人在此间自思自忖，猛听得敌营内有楚国歌声。哎呀，且住！怎么敌人寨内竟有楚国歌声，这是什么缘故哇？我想此事定有跷蹊，不免进帐报与大王知道。"她非常焦急地进帐而去。

第 128—133 幅：虞姬进帐后唤道："啊，大王醒来，大王醒来！"项羽由里面按剑而出："啊！"虞姬："妾妃在此。"项羽问道："妃子，何事惊慌？"虞姬说道："适才正在营外闲步，听得敌人寨内竟有楚国歌声，不知是何缘故？"项羽："啊？有这等事！"虞姬："正是。"项羽："待孤听来。"虞姬："大王请。"二人来到帐外，注意倾听。汉兵在幕后唱楚歌："田园将芜胡不归，千里从军为了谁！"项羽大叫一声："哇呀……"转身和虞姬进入帐内，说道："四面俱是楚国歌声，莫非刘邦他已得楚地不成？孤大势去矣！"虞姬故作镇静地安慰项羽："啊，大王！此时逐鹿中原，群雄并起；偶遭不利，也属常情。稍俟时第 121 幅：经放大的《霸王别姬》第 8 场中项羽回营后对虞姬说："此一番连累你多受惊慌"剧照之局部。第 122 幅"二人全身坐帐饮酒"照缺失。

第 123 幅：经放大的《霸王别姬》第 8 场中虞姬到帐外闲步一回，并唱"轻移步走向前荒郊站定，猛抬头见碧落月色清明"剧照之局部。

第 124 幅：经放大的《霸王别姬》第 8 场中虞姬在帐外听到四野俱是悲愁之声后说道："千古英雄争何事，赢得沙场战骨寒"剧照之局部。

176

第 125 幅：经放大的《霸王别姬》第 8 场中虞姬在偷听更夫甲、乙二人议论四面楚歌之声剧照之局部。

第 126 幅：经放大的《霸王别姬》第 8 场中更夫甲、乙二人议论，大家一散，各奔他乡剧照之局部。

第 127 幅：经放大的《霸王别姬》第 8 场中虞姬听到更夫议论，大家一散，各奔他乡及四面楚歌，感觉事有跷蹊，要进帐报与项羽知道剧照之局部。

第128幅：经放大的《霸王别姬》第8场中项羽听到虞姬呼唤，按剑而出，问她因何事惊慌。虞姬告知四面楚歌剧照之局部。

第129幅：经放大的《霸王别姬》第8场中项羽和虞姬来到帐外，听到四面俱是楚国歌声，项羽大叫剧照之局部。

日，等候江东救兵到来，那时再与敌人交战，正不知鹿死谁手！"项羽说道："妃子啊，你哪里知道！前者，各路英雄各自为战，孤家可以扑灭一处，再战一处。如今各路人马一齐并力来攻，这垓下兵少粮尽，万不能守；孤此番出兵与那贼交战，胜败难定。哎呀，妃子啊！看此情形，就是你我分别之日了。"

第130幅：经放大的《霸王别姬》第8场中项羽和虞姬进帐后，虞姬安慰项羽等候救兵再战，正不知鹿死谁手剧照之局部。

第131幅：经放大的《霸王别姬》第8场中项羽对虞姬说："此番出兵……胜败难定。十数载恩情爱相亲相依，眼见得孤与你就要分离"剧照之局部。

虞姬背过身来弹泪。项羽唱道："十数载恩情爱相亲相依，眼见得孤与你就要分离。"这时，传来马嘶之声。虞姬和项羽听见，都为之一惊。项羽说道："啊，此乃孤的乌骓声嘶——来人，将战马牵了上来。"太监答应后，举着马鞭从上场门出来，表示马已经牵了上来。项羽和虞姬走到帐外，转身朝外一望。

第 132 幅：经放大的《霸王别姬》第 8 场中乌骓马牵上后，项羽说道："想你跟随孤家，东征西讨，百战百胜。今日被困垓下……也无用武之地了"剧照之局部。这幅被选作宣传用剧照。

第 133 幅：经放大的《霸王别姬》第 8 场中虞姬随项羽回到帐内，安慰项羽"垓下之地，高岗绝岩，不易攻入；候得机会，再突围求救也还不迟"剧照之局部。这幅被选作宣传用剧照。

项羽说道："乌骓呀，乌骓！想你跟随孤家，东征西讨，百战百胜。今日被困垓下，就是你……咳！也无用武之地了！"项羽说完唱道："乌骓马它竟知大事去矣，因此上在枥下咆哮声嘶！"（乌骓马：项羽的坐骑，其时号称天下第一骏马。乌骓是一匹黑马，全身通体呈黑色，像黑缎子一般，油光放亮，唯有

4个马蹄子白得赛雪，被称为"踢云乌骓"）虞姬看见乌骓马被牵上之后，项羽更难过，就偷偷地向牵马人挥手示意牵下。

第134—144幅：马被牵下之后，虞姬扶着项羽走向帐内，并勉强地用地形险要来安慰项羽："啊，大王，好在垓下之地，高岗绝岩，不易攻入；候得机会，再突围求救也还不迟呀！"项羽明白虞姬的苦心，但知道地形险要已无济于事，只有长叹而已，无言作答，便语气沉重地喊道："酒来！"虞姬强作欢笑地说道："大王请！"项羽朝里走时，虞姬扭过脸来偷偷拭泪。随后，二人坐下，虞姬朝着项羽一举杯："大王请！"两人同饮了一杯。突然，项羽咳了一声，把杯子扔了出去，同时起身离开了座位。虞姬看着他的举动，不由得吃了一惊，也起身站了起来。项羽唱道："力拔山兮气盖世，时不利兮骓不逝；骓不逝兮可奈何，虞兮虞兮奈若何！"此时，项羽抓住虞姬的双手，二人握手对泣。虞姬哭道："大王慷慨悲歌，令人泪下。待妾身歌舞一回，聊以解忧如何？"项羽说道："唉！有劳妃子！"虞姬带着哭声应道："如此，妾身出丑了！"说着，她上前慢慢蹲身施礼，项羽忙把她扶起。虞姬背过身去擦泪，转过脸来又强作欢颜，以手示意，请项羽入座饮酒，项羽点头坐下。随后，虞姬慢慢向后退，又猛回头看一眼项羽，便取剑舞了起来，并唱道："劝君王饮酒听虞歌，解君忧闷舞婆娑。嬴秦无道把江山破，英雄四路起干戈。自古常言不欺我，成败兴亡一刹那。宽心饮酒宝帐坐！"唱到此，三记锣声响起。项羽道："啊，哈哈……"苦笑之后，锣鼓声中，虞姬揉胸弹汗，抱起剑来，朝项羽一跪，然后站起来坐在椅子上，把剑放在椅子里边。

许姬传和朱家溍在《梅兰芳的舞台艺术》一书的"按"里，对这段"二六板"唱腔中包括的一套剑舞，逐字逐句，按第134幅：经放大的《霸王别姬》第8场中项羽知虞姬苦心，长叹不已，无言作答，喊"酒来"。二人随后坐下饮酒剧照之局部。这幅被选作宣传用剧照。

第135幅：经放大的《霸王别姬》第8场中虞姬舞剑，唱"劝君王饮酒听虞歌"，左手抱剑，面朝前台亮相剧照之局部。

唱词与逐个表演动作，作了详细的解说和说明。如第一、二句，"劝君王饮酒听虞歌"："劝君王"，虞姬面朝项羽，抱剑一拜；"饮酒"，左手抱剑，面朝前台，以右手做持酒杯的姿势；"听"，右手略一指耳朵；"虞歌"，面对项羽，蹲身行礼。"解君忧闷舞婆娑"："解君"，右手一环，往右转身，抱剑一亮；

第 136 幅：经放大的《霸王别姬》第 8 场中虞姬舞剑，唱"解君忧闷舞婆娑"时，双手各持一剑剧照之局部。

"忧闷"，把抱着的剑放下来，往左转身，蹲身一亮；"舞婆娑"，站起来往后退，向右转身，面朝前台，双手捧剑，剑尖朝上，左右三下"裁剑"，把双剑分开，双手各持一剑，向右转身"涮剑"，"撕开"一亮。从而，使这一段剑舞与唱词很好地糅合在一起，整个"歌"与"舞"以及"歌"与"武"，实现了戏曲艺术与武术高超的融合，呈现了梅派艺术的经典样式。而老照片集里的第 135 幅和第 136 幅剧照，正是这一段唱腔前两句及其舞蹈动作最为真实的见证和写真。而在下一段仅有"舞"，没有"歌"的剑舞中，亦可见到武术之剑术与京剧之舞蹈奇妙结合所呈现的京剧艺术之美。

在上述虞姬的唱段之后，剧中伴随着《夜深沉》曲牌的伴奏，虞姬又进行了一段颇为著名的"没有唱，只有舞"，被称为全剧最为精彩一折的剑舞。这段剑舞据影片《梅兰芳的舞台艺术》的放映时间计算，时长近 8 分钟。许姬传和朱家溍于《梅兰芳的舞台艺术》一书中，对于两段《夜深沉》曲牌及衔接这两段的行弦伴奏下共 16 小节的剑舞，作了专业性的解说。如剑舞在舞台上所行进的线路，第 1 段的 8 小节中，从"大边"台口"蹉步"向右，走直线到"小边"，从"小边"台口走直线到"大边"台口，从"大边"台口走斜线到台中央，由台中央走到台口，从台口正中走斜线退回"小边"里首，由"小边"里首走斜线到"大边"台口，由"大边"台口走直线到"小边"台口，由"小边"台口走到"大边"里首等等，配合整个剑舞动作的变化，作了清晰、明了的描述。剑舞的亮相、身段、动作、招式，如左手背手持剑举起，右手一亮，右脚上步，向右转身，往后退一步的舞剑前的"开势"和"云手"、"垫步"、"拧身"、"串肚"、"剑花"、"云手花"、"探海"、"涮剑"、"左右栽剑"、"反云手"、"大刀花"、"鹞子翻身"、"劈马式"等动作，以及"恨福来迟"、"怀中抱月"、"仙人指路"、"斜步插花"、"左右插花"等经过改造的剑术招数的运用，都使人感受到这套剑舞的无穷变幻与魅力。老照片集里收录的第 137—144 幅这 8 幅（缺失 2 幅）剑舞的老照片，亦将这些美轮美奂的精彩瞬间化作经典，永远定格在这黑白方寸之间。

对作为《霸王别姬》全剧重头戏的这段剑舞的创作，许姬传、朱家溍作了这样的记述和评论："梅先生这一套舞剑是排演《霸王别姬》时，自己编制的。当设计这套舞剑的时候，有一部分人主张用原来戏台的套子，例如《群英会》的周瑜就有一套舞剑。还有一部分人主张完全用一套武术里面的剑法，例如整套的太极剑等等。梅先生当时想到虞姬的舞剑必须有她自

第 137 幅：经放大的《霸王别姬》第 8 场中虞姬左手背手持剑，举起右手的舞剑开势剑舞剧照之一。第 138 幅缺失，被选作宣传用剧照。

第 139 幅：经放大的《霸王别姬》第 8 场中虞姬剑舞剧照之二。

第 140 幅：经放大的《霸王别姬》第 8 场中虞姬剑舞剧照之三。

己的特殊风格。旧有的舞剑套子中，还没发现一套风格相当，可以拿来就用的。又想到这套舞剑需要用音乐来配合，而原来戏曲里面的这一类舞蹈都是用锣鼓来配合。例如《群英会》的舞剑，《卖马》的耍铜，《岳家庄》的耍锤等等，都是用《走马锣鼓》转《急急风》（"走马锣鼓"和"急急风"，是两个锣鼓点子的名称。"走马锣鼓"一般用于水战或对刀、对枪，以及

第141幅：经放大的《霸王
别姬》第8场中虞姬剑舞剧照
之四。第142幅缺失。

第143幅：经放大的《霸王
别姬》第8场中虞姬剑舞剧照
之五。这幅被选作宣传用剧照。

第144幅：经放大的《霸王
别姬》第8场中虞姬剑舞剧照
之六。这幅被选作宣传用剧照。

第 145 幅：经放大的《霸王别姬》第 8 场中太监来报：汉军人马分四路来攻剧照之局部。这幅被选作宣传用剧照。

第 146 幅：经放大的《霸王别姬》第 8 场中项羽扯着虞姬的手腕向外走，并说道"妃子啊！敌兵四路来攻，快快随孤杀出重围"剧照之局部。

舞剑、舞铜、舞锤等舞蹈。"急急风"用于一般的开打或急速的上、下场等等）。另一方面若是完全用武术的剑法，在台上适合不适合很难设想。因此他拿定主意聘请了武术老师，先学会两套武术的剑法再说。学会之后，他决定以原来舞台上的表现方法为基础，从武戏各种传统的身段中选择适用的素材，把第147幅：经放大的《霸王别姬》第8场中虞姬道"愿以大王腰间宝剑，自刎君前，免得挂念妾身"剧照之局部。

第148幅：经放大的《霸王别姬》第8场中虞姬唱"汉兵已略地，四面楚歌声。君王意气尽，贱妾何聊生"剧照之一。

太极剑里面能和舞台身段适应的姿势给予舞台的加工，溶化进来。另外又和老前辈的演员一起研究出一些特有的身段，重新组织起来，用《二六板》和《夜深沉》曲牌为伴奏，编制了这套舞剑。梅先生的舞剑和他的一切表演动作一样，也是整个贯串着角色的情感，不是无目的地练一套玩艺来取得肤浅的效

第149幅：经放大的《霸王别姬》第8场中虞姬唱"汉兵已略地，四面楚歌声。君王意气尽，贱妾何聊生"剧照之二。

第150幅：经放大的《霸王别姬》第8场中虞姬唱"汉兵已略地，四面楚歌声。君王意气尽，贱妾何聊生"剧照之三。这幅被选作宣传用剧照。

果。虽然舞剑是一种战斗的动作，也处处表现虞姬静婉的性格，但是这绝不等于说他只重视情感不重视技术，事实上他非常重视向老前辈学习传统优秀的技术并且不断地练习，所以才能那样流利而又有顿挫，很自然地表达出情感来。"

这种舞台上的武术与舞蹈相结合的"重新组织"的表现方法，以及剑舞所体现出的那种人物静婉的性格和全部情感，同样在这些尚存的老照片剧照中得到了解读，令人拍案叫绝。

第145—152幅：剑舞结束后，太监上场奏道："启奏大王，敌军人马，分四路来攻。"项羽说道："吩咐众将分头迎敌，不得有误。"太监："领旨。"太监下场后又上，报道："八千子弟兵俱已散尽。"项羽又道："再探！"虽然这时的项羽和虞姬都感到，这种情况的发生是意料之中的事情，但也都非常紧张，只好做最后的准备。

项羽用手扯着虞姬的手腕，迈步向外走，并说道："妃子啊！敌兵四路来攻，快快随孤杀出重围。"虞姬以郑重且带着极大决心的口气答道："哎呀，大王啊！此番出战若能闯出重围，且往江东，再图复兴楚国，拯救黎民。妾身若是同行，岂不连累大王杀敌。也罢！愿以大王腰间宝剑，自刎君前，免得挂念妾身。"说到这里，虞姬忍不住哭了起来。项羽道："这个……妃子你……不可寻此短见哪！"此时，虞姬再难压抑自己的情感，声泪俱下地唱道"唉，大王啊！汉兵已略地，四面楚歌声。君王意气尽，贱妾何聊生！"项羽大喊道："哇呀呀……"这时，鼓声大作，一派敌人已经逼近的紧张气氛。项羽和虞姬非常焦急。虞姬面对项羽，伸手向项羽索剑。项羽摇手按剑，向后退了三步，大声喊道："使不得，使不得，不可寻此短见哪！"虞姬求剑不得，打算撞死，项羽把她拦住。虞姬心生一计，准备设法转移项羽的视线，以便乘机拔他

第 151 幅：经放大的《霸王别姬》第 8 场中虞姬面对项羽，伸手朝项羽索剑自刎求死剧照之局部。

第 152 幅：经放大的《霸王别姬》第 8 场中虞姬自刎而死后，项羽忍泪上马应战去了剧照之局部。

腰间的宝剑。她就假装往外一指，朝项羽喊道："大王，汉兵他……杀来了！"项羽果然信以为真，说道："待孤看来"，并出去看。虞姬乘机拔出他的宝剑，拿在手中一看，嘴里说道："罢！"然后，她持剑向脖子上一横，往右连着转两个身，自刎而死（上场来的两个宫女把她扶了下去）。项羽喊道："哎呀！"他忍泪上马应战去了。

对这个不同以往的结尾，许姬传和朱家溍作了解说："项羽忍泪上马应战去了，演到这里剧终。在舞台上演出时下面还有项羽在乌江自刎的场子，当初梅兰芳先生和杨小楼先生合演的时候，前一个时期每次都唱到乌江自刎为止，后一个时期则只演到虞姬自刎。因为他们两人都感觉演到这里，戏的高潮已经过去。他们不演下面几场，这是很合乎观众要求的。"

《霸王别姬》这部戏，之所以成为梅派名剧中的传世经典，特别是其中的"虞姬剑舞"构成了《霸王别姬》独有的特色，使戏剧、武术与歌舞的结合达到一个最为完美的高度，正如许姬传和朱家溍所说："他们的表演之所以会那样动人，是因为他们体会角色深刻的程度和表演技术精纯的程度都达到了最高水平。中国古代大书画家，常常把无意中所作的最好的作品称为'神来之笔'，也就和这种意境是类似的"，因而，"他们的一举一动都成为艺术的结晶"。

上述《霸王别姬》的 38 幅老照片，正是梅兰芳戏剧舞台艺术结晶的"神来之笔"的生动写照。特别是其中 6 幅记录了梅兰芳在 61 岁之时，所呈现出的那种身段干净利索、套路层次分明、神情表里如一、技艺娴熟程度不减当年的风采，更是梅兰芳艺术生活中及中国戏曲史上不可缺少的珍贵史料。

老照片中与梅兰芳配戏、饰演项羽的刘连荣，是与梅兰芳先后合作、扮演项羽的 7 人中，和杨小楼、金少山为最著名的

笔者所藏民国时期上海英商电器音乐实业有限公司"百代"出品的梅兰芳《霸王别姬》老唱片及唱片袋。

3 人之一而享誉梨园。前已有述，不再赘述。

（四）京剧《洛神》剧照 32 幅

这 32 幅照片共 16 页，均为 1955 年拍摄的原作黑白照片；其中，除去 3 幅为 4 寸外，其余的 29 幅均为 6 寸照；有 7 幅被选作宣传用剧照。同《霸王别姬》一样，每幅照片除注明宣传用剧照及有关文字外，均没有任何的文字说明，也没有关于剧目、演出者及剧情的简介。另外，第 178 幅缺失。

《洛神》是梅兰芳的经典名剧之一，是梅兰芳于年仅 29 岁时，一年之中所创演的包括《西施》、《廉锦枫》在内的 3 出新戏之一，亦是他"开始创新腔，在伴奏乐器中增加二胡"的首次演出。特别是梅兰芳在舞台上成功地塑造了洛神这一形象，体现出千古名篇《洛神赋》作者曹植所形容的洛神那种"翩若惊鸿，婉若游龙"的意态，充满了浓厚的浪漫主义色彩，因而成为梅兰芳的顶峰作品之一，理所当然地被拍成影片《洛神》之中。

京剧《洛神》，取材于三国曹魏时期著名文学家、建安文学代表人物、魏武帝曹操之子、魏文帝曹丕之弟曹植（子建）所著《洛神赋》这一名篇。《洛神赋》，亦作《感甄赋》，为曹植于魏文帝黄初四年（223）所著。最早见于萧统的《昭明文选》，其序称，曹植由京城返回封地时，途经洛水，忽然有感而发，并作此赋。洛神为中国神话里伏羲氏（宓羲）的女儿，因为于洛水溺死，而成为洛水之神，即洛神。《洛神赋》借助于洛神，记述了曹植拜见其兄曹丕时，曹丕赐他以皇后甄氏的遗物玉缕金带枕。曹植在归途宿于洛川驿中，夜里有神女示第 153、154 幅:《洛神》第 2 场"洛神闻曹子建在洛川经过,率众云女御云而来"和第 3 场"曹子建与二太监来洛水驿中借住一宵"之原大 2 幅 6 寸黑白剧照。第 153 幅被选作宣传用剧照。

梦,自称甄妃,嘱第二天赴洛川一会。曹植如约往至洛川,与甄妃相会,甄妃告诉曹植与他有前缘的动人故事,表达了诗人曹植与其兄魏文帝曹丕的皇后甄氏之间一段错综复杂的感情。这一具有浓厚浪漫主义色彩、充满诗情画意,并承载着深厚凝重与震撼人心的历史内涵的神话故事,早在东晋时期,就被著名画家顾恺之(约 345—409)采用连续图画的形式,画第 155、156 幅：《洛神》第 3 场中"曹子建令太监将魏文帝曹丕所赐玉缕金带枕取来抚玩"和"洛神唱'野荒荒星皎皎夜深人静，驾云来转瞬间已到驿门'"之原大 2 幅 6 寸黑白剧照。

成《洛神赋图》长卷，描绘了曹植和甄氏（洛神）之间的情感动态，形象地表达了曹植对洛神的爱慕和因"人神之道殊"不能如愿的惆怅之情，并借抒发此种"悲情"，展示曹植的政治

第 157、158 幅：《洛神》第
3 场中"洛神进到曹子建房中，
见他早已酣睡"和"洛神见曹
子建怀抱玉缕金带枕，睹物伤
情，待要将他唤醒，怎奈难以
为情"之原大 2 幅 6 寸黑白剧照。
第 157 幅被选作宣传用剧照。

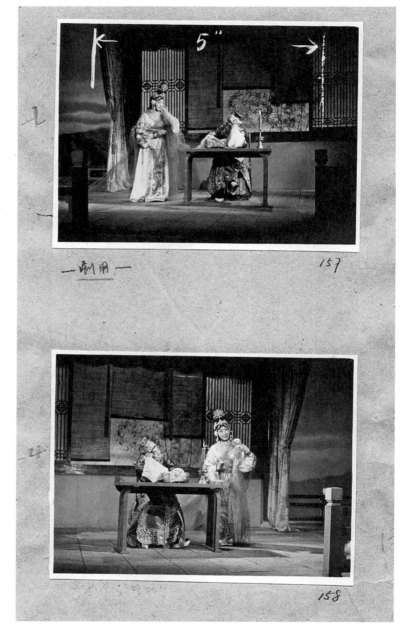

追求；而画中洛神的美丽身姿和"若往若还"的矛盾心态，以
及神间异人、神兽所具有的神话气氛和浪漫主义色彩，使之成
为中国历代十大传世名画之一。明朝戏曲家汪南溟亦曾以洛神

第 159、160 幅：《洛神》第
3 场中"洛神于梦中约曹子建
第二天在川上相会，专待君临，
牢牢紧记"和"洛神唱道'明
日里洛川前将君来等，莫迟疑
休爽约紧记在心'"之原大 2 幅
6 寸黑白剧照。这两幅均被选作
宣传用剧照。

的故事，编了一出名为《洛水悲》的杂剧，将其从诗词、绘画
发展到戏曲艺术里。但是，洛神这一美好的形象及其故事，从
来没有在京剧舞台上出现过。由此，梅兰芳和齐如山等人根
据《洛神赋》，共同创排了《洛神》这一传世佳作，于 1923 年

195

第 161、162 幅：《洛神》第
3 场中"洛神唱'出门来唤众仙
祥云驾定，带来朝见了再说前
尘'后驾仙云而去"之原大 2
幅 6 寸黑白剧照。

11 月 21 日在北京开明戏院首演。梅兰芳演洛神，姜妙香演曹
子建，姚玉芙、朱桂芳分别饰演汉滨游女和湘水神妃二仙。该
剧的台词大多采用《洛神赋》里的句子，服饰则参考《洛神赋
图》中人物的穿戴，唱腔由梅兰芳、琴师徐兰沅和王少卿共同

第 163、164 幅:《洛神》第 3 场中"洛神唱'出门来唤众仙祥云驾定，带来朝见了再说前尘'后驾仙云而去"之原大 2 幅 6 寸黑白剧照。第 164 幅被选作宣传用剧照。

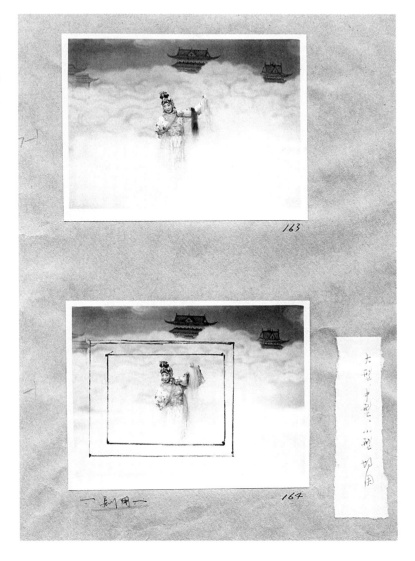

创造。梅兰芳饰演的洛神超凡脱俗，无论是唱腔还是舞蹈，既演出了洛神的娇媚，也演出了她的冷艳，既演出了她的"若有情"，也演出了她的"似无情"，达到了"欲笑还颦，最断人肠"的境界，使整个演出引起轰动、大获成功，受到观众的热烈欢迎，成为梅兰芳日后 30 余年间经常上演的剧目之一。

《洛神》的剧情，依电影《洛神》的字幕显示:"甄后原是第 165、166 幅:《洛神》第 3 场中"曹子建醒来后说道'方才蒙眬睡去,分明见一神女……竟似那甄后模样,那神女梦中约我明日在洛川上相会。我不免早些安歇,明日也好前去'"之原大 2 幅 6 寸黑白剧照。

袁绍之媳,被魏文帝曹丕俘虏,立为皇后。但甄后对文帝无感情,却因文帝的弟弟曹子建才华绝世暗中相爱,事被文帝知道,将甄后处死,并将子建贬往远方。数年之后,文帝悔念往事,将甄后遗物'玉缕金带枕'赐予子建。子建携枕返郡,途经洛川,夜宿馆驿,梦见仙女相告约次日川上相会。仙女即是甄后,神光离合,翩跹歌舞,相见悲喜交集珍重而别。本剧从第 167、168 幅:《洛神》第 4 场中"洛神立在云端,面有喜色地唱道'红日初升景色新,罗袂轻扬乘彩云。遥望洛川伊人近,喜得相逢诉衷情'"之原大 2 幅 6 寸黑白剧照。

'梦会'起,至'洛川歌舞'止。"

　　对于《洛神》这出戏,许姬传和朱家溍在《梅兰芳的舞台艺术》一书中作了详细的介绍和评价:"《洛神》是梅兰芳先生根据《洛神赋》编演的一出戏。在这出戏的故事前面还有一段传说:三国时代,魏,黄初三年(二二二年),曹操的大儿子曹丕做皇帝,曹丕的弟弟曹植,到当时的京城洛阳去朝觐曹第 169、170 幅:《洛神》第 4 场中"曹子建朝上望见了洛神,说道'看她脉脉含愁,盈盈欲语,待我听她说些什么'和洛神从云端下来后,曹子建说道'承蒙仙姬下降,小王这厢有礼了'"之原大 1 幅 6 寸、4 寸黑白剧照各。第 169 幅被选作宣传用剧照。

丕。曹丕赐给他一个玉缕金带枕。他看见这个枕头非常伤感,因为他听说这个枕头是甄后生前用的。甄后是曹丕的妻子,当她未嫁曹丕的时候,曹植对她非常爱慕,曾经想求她为妻,但曹操却做主把他配给曹丕了。后来曹丕竟听信谗言,赐甄后自尽而死。在漫长的岁月中,曹植始终没有忘了甄后。这出戏的故事,就是从曹植朝觐完毕,带着玉缕金带枕回府的途第171、172幅：《洛神》第4场中"洛神问曹子建'可还记得我么?'和曹子建告知'昨夜曾在梦中见过',以及洛神说'蒙君见爱,已非一朝,怎说昨夜才见呢'和曹子建追问'既是从前就与小王相识,还望仙姬将来踪去迹说个明白'"之原大2幅6寸黑白剧照。

中开始的。

　　曹植住在洛川的馆驿,夜深人静的时候,抚玩着玉缕金带枕,未免睹物伤心,正在蒙眬入睡之间,梦见一个仙女,和他相约于次日在洛川会面。曹植醒来之后觉得仙女的容貌仿佛甄后一样。第二天很高兴地到了洛川,果然看见云端立着一位仙第173、174幅:《洛神》第4场中"曹子建问洛神仙居何处。洛神说一声'随我来',足踏白云,腾空而去。曹子建急急赶上,远远闻得仙乐之声,见洛神、汉滨游女、湘水神妃一同站立云端。10名童子分执伞、扇、彩旄、桂旗等物,侍立左右"之原大2幅6寸黑白剧照。

女正是昨晚的梦中人。曹植向她祝告了几句。她从云端下来,两人见面,曹植想要知道她究竟是否甄后成了仙,但她没有明白地说出来,只告诉曹植随她到另一个地方看一看就明白了。说话之间忽然不见,曹植听见远远有仙乐的声音,跟踪追去真的看见这位仙女和另外两位仙女在水滨岩石上游玩,还有很多第175、176幅:《洛神》第4场中"洛神与汉滨游女、湘水神妃一同起舞,并唱道'一年年在水府修真养性,今日里众姐妹同戏川滨'"之原大2幅6寸黑白剧照。

仪仗侍从,不知不觉地看呆了。正看之间,仙女下来向曹植说:从前彼此精诚专一的互相爱慕,但在宫中多少年来并未交过一言,现在我已经成了仙,从此以后也就不会再见面了。说完把耳朵上戴的明珠摘下来,赠给曹植。曹植也把身上带的玉第 177、178 幅：《洛神》第 4 场中"洛神与汉滨游女、湘水神妃走下云端，唱'齐舞翩跹成雁阵，轻移莲步踏波行'"之原大 1 幅 6 寸黑白剧照。第 178 幅缺失。

佩解下来赠给她。两人分手之后，仙女就驾云上升渐渐地不见了。这位仙女就是洛川的水神，也就是曹植所思念的甄氏女。

曹植字子建，曹操的第三个儿子，生于一九二年，死于二三二年，是一个天才的文学家。《洛神赋》是他很多作品中之一篇。曹子建以自己最爱的一个女人当作这篇赋的主人公，通过丰富的想象力，塑造出一个洛神的形象。晋朝的大画家顾恺之曾画过《洛神赋图》，历代诗人画家也有不少以洛神为题材的作品。明朝戏曲作家汪南溟曾以洛神的故事编了一出《洛水悲》杂剧（该剧为《盛明杂剧》里面的一出），使这个题材从诗词绘画发展到戏曲艺术里。一九二三至一九二四年之间，梅兰芳先生根据《洛神赋》，并参考汪南溟的《洛水悲》杂剧和绘画中的洛神形象，编演了这出《洛神》。在舞台上创造出洛神的形象，体现了《洛神赋》形容洛神'翩若惊鸿婉若游龙'的意态；他的表演给观众的感觉仿佛是在读一篇抒情的赋，又第 179、180 幅：《洛神》第 4 场中"洛神唱'翩若惊鸿来照影，宛似神龙戏海滨……雍丘王他那里目不转瞬，心振荡默无语何以为情'和曹子建道'这一定是甄后成神无疑的了，待我一拜'，继而二人互诉前缘情愫"之原大 2 幅 4 寸黑白剧照。

像在看一幅立体而有声音的名画。

这出戏的歌舞、音乐、服装、道具、布景及舞台画面的构图各方面，在当时都给京剧表演艺术开辟了新的道路；特别是服装，为戏曲服装中前所未有的，而它的风格却和原有的一切都非常调谐。这是梅先生编演《天女散花》、《黛玉葬花》之后，

第 181、182 幅:《洛神》第
4 场中"洛神和曹子建互赠耳
珠、玉佩。洛神告诉曹子建'你
我言尽于此,后会无期。殿下
千万珍重,小仙告别了'及曹
子建答道'仙姬情意,毕生难
忘'"之原大 2 幅 6 寸黑白剧照。
第 182 幅被选作宣传用剧照。

又一个具有划时代意义的作品。一九五五年四月中央文化部、
中国戏剧家协会、中国文学艺术界联合会,为梅兰芳、周信芳
联合举办的舞台生活五十年纪念演出,曾以这出戏列为梅先生
古装戏的代表作之一。"

许姬传、朱家溍两位老先生的介绍和评价可谓通俗易懂、

　　第 183、184 幅：《洛神》第 4 场中"洛神道'殿下保重，小仙去也'后，在烟云四合中隐去和曹子建怅然立在水滨的背影，及一片烟水苍茫、空山寂寂的景色"之原大 2 幅 6 寸黑白剧照。

富有见地。32 幅《洛神》的老照片，亦描述并记录下了这"一个具有划时代意义的作品"在京剧舞台上的展现和梅兰芳的艺术风采，以朗读这"一篇抒情的赋"，欣赏这"一幅立体而有声音的名画"，感受梅派艺术及整个中国京剧艺术的博大精深。

与舞台上的演出不同，影片《洛神》省略了第 1 场先上的曹子建，而是从第 2 场洛神先上开始，到第 4 场洛神离去结束，共计 4 场。现仍参照许姬传、朱家溍两先生所著《梅兰芳的舞台艺术》一书中的《洛神》及《梅兰芳戏剧剧本集》中的台词和对表演的描述，按原照片或剪裁或放大，"白话"简编描述如下，再现梅兰芳于从事舞台艺术 50 年之时，在《洛神》中所释放的情感和作出的时代性贡献。

《洛神》32 幅老照片的具体记录如下：

1. 被省略的原舞台演出中的第 1 场

4 名御林军、4 名小太监、2 名大太监引曹子建上场。曹子建念道："洛阳冠盖地，车马分驱驰。崇台接烟起，翠阁与云齐。"随后说道："本藩，雍丘王曹植。承恩北阙，备位东陲。今日朝觐礼毕，承命归藩。"说完，曹子建吩咐内侍启程，之后唱道："一路上经通谷把景山来践，不觉得日西坠车殆马烦。税蘅皋秣芝田忙催前站，猛然见马头前已是洛川。"洛川驿驿丞吴可铭前来叩接曹子建。曹子建吩咐他引路，并唱道："一阵阵晚鸦声归心似箭，猛抬头来到了洛水驿前。"唱完，众人一同下场。

2. 第 2 场：第 153 幅，共 1 幅

洛神在幕后唱道："满天云雾湿轻裳"。满天云雾间，8 个云女中，两人举着宝莲灯，其余的每人手中捧着一件乐器上场，分列两旁，立在云端。洛神手里挥着拂尘上场，接着唱道："如在银河霄汉旁；缥缈春情何处傍，一汀烟月不胜凉！"随后说道："吾乃洛川神女是也。掌握全川水印，修成一点仙心。因与雍丘王曹子建尚有未尽之缘，犹负相思之债。今

第153幅：经放大的《洛神》第2场中洛神与8位云女立在云端，并说道"因与雍丘王曹子建尚有未尽之缘，犹负相思之债。今日闻他在此经过，为此，御云而来，对他略表因由，借通诚愫"，前往洛川驿剧照。这幅被选作宣传用剧照。

日闻他在此经过，为此，御云而来，对他略表因由，借通诚愫。"而后喊道："侍儿们！"众云女答："有。"洛神把手中的拂尘扬起，向两边一看，朝前一指，然后说道："洛川驿中去者！"众云女齐声应道："是！"洛神紧接着唱道："思想起当年事心中惆怅"，云女下场后，继续唱道："再相逢是梦里好不凄凉。"而后，洛神也缓缓走下场去（许姬传、朱家溍按：这一场的唱念，在娴静的意态中微露惆怅的心情，一位曹子建本是她深深藏在心中的一个人，现在听说他从此经过，打算去会他一面，不由得又想起旧事，好像一池静水，微风过处吹起些波纹）。

第 154 幅：经放大的《洛神》第 3 场中曹子建朝觐礼毕，承命归藩，来在洛水驿中，借住一宵，次日再行剧照之局部。

第 155 幅：经放大的《洛神》第 3 场中曹子建因思念甄后难以成眠，令太监将魏文帝曹丕所赐甄后遗物玉缕金带枕送来，在灯下抚玩剧照之局部。

3. 第 3 场：第 154—166 幅，共 13 幅

　　曹子建与二太监上场，来到驿站安歇。曹子建念引道："帝城春老，杜宇催归早。本藩，雍丘王曹植。承恩北阙，备位东隅。今日朝觐礼毕，承命归藩。一路之上，经通谷陵景山，来在洛水驿中，借住一宵，明日再行。看冷驿萧条，春光潦草，令人惆怅，咳！想起甄后，饮恨而死，倍增伤感，这情怀好难安顿也！"随后唱道："身不管长途苦好生烦倦，恶情怀无聊赖待向谁言！"接着又说道："咳！夜静更长，怎生消遣！哦，有了，前日入朝之时，圣上以玉缕金带枕见赐，想那枕儿乃甄后遗物，当此枯坐无聊，不免在灯下抚玩一番。"曹子建叫道："内侍！"太监："有。"曹子建："将圣上所赐玉缕金带枕取来。"太监："领旨。"这时已是二更。太监将金带枕放在

第156幅：经放大的《洛神》第3场中洛神驾云而来，转瞬间已到驿门，经过一个玉石栏杆的平台，走到曹子建睡觉的地方剧照之局部。

第157幅：经放大的《洛神》第3场中洛神进门后唱"可怜他伏几卧独自凄清。我有心向前去将他唤醒，羞怯怯只觉得难以为情"剧照之局部。

案上，退下回避。曹子建望着金带枕说道："啊呀呀，好一个枕儿也！"随后唱道："手把着金带枕殷勤抚玩，想起了当年事一阵心酸。都是为这情缘牵连不断，好教我常日里意马心猿。一霎时只觉得神昏意懒，无奈何我只得倚枕而眠。"便昏昏然睡去。

此时，三更锣鼓打过，洛神与众云女在云层中上场。洛神唱道："野荒荒星皎皎夜深人静，驾云来转瞬间已到驿门。"唱后说道："来此已是馆驿，待我进去。侍儿们，外厢伺候。"众云女退下。洛神经过一个玉石栏杆的平台，走到曹子建睡觉的地方，看见多少年来的意中人正伏案而眠，说道："咳！看他早已酣睡也！"她既高兴，又耳热心跳，感慨地唱道："进门来暗昏昏一灯摇影，可怜他伏几卧独自凄清。我有心向前去将他

第 158 幅：经放大的《洛神》第 3 场中洛神见曹子建手抚金带枕，颦眉泪眼地说道"看他怀抱之中，乃是玉缕金带枕，睹物伤情，益增悲感。待要将他唤醒，怎奈难以为情"剧照之局部。

第 159 幅：经放大的《洛神》第 3 场中洛神于曹子建梦中约他次日在川上相会剧照之局部。这幅被选作宣传用剧照。

第 160 幅：经放大的《洛神》第 3 场中洛神于曹子建梦中约他次日在川上相会剧照之局部。这幅被选作宣传用剧照。

第161幅：经放大的《洛神》第3场中洛神在曹子建梦中告诉他"明日里洛川前将君来等，莫迟疑休爽约紧记在心"后驾云而去剧照之局部。

第162幅：经放大的《洛神》第3场中洛神在曹子建梦中告诉他"明日里洛川前将君来等，莫迟疑休爽约紧记在心"后驾云而去剧照之局部。

第 165 幅：经放大的《洛神》
第 3 场中曹子建道"见一神女
竟似那甄后模样，想这梦还去
的不远，待我唤她转来"剧照
之局部。

第 166 幅：经放大的《洛神》
第 3 场中曹子建道"神女梦中
约我明日在洛川上相会。我不
免早些安歇，明日也好前去"
剧照之局部。

唤醒，羞怯怯只觉得难以为情。"洛神猛然看见曹子建手抚的
金带枕，便蹙眉泪眼地说道："看他怀抱之中，乃是玉缕金带
枕。睹物伤情，益增悲感。待要将他唤醒，怎奈难以为情。"
说着，她又含羞低下头去，自问自答道："这……这便怎么处！
哦，有了。不免梦中约他明日在川上相会便了。"随后，洛神
对睡梦中的曹子建说道："吓，子建哪，子建！我与你未了三
生，尚须一面，来日洛川之上，专待君临，牢牢紧记。小仙去
也！"跟着唱道："明日里洛川前将君来等，莫迟疑休爽约紧记

第163幅：经放大的《洛神》第3场中洛神在曹子建梦中告诉他次日洛川相会后驾云而去剧照之局部，以及许姬传、朱家溍所评洛神服装设计之体现。

第164幅：经放大的《洛神》第3场中洛神在曹子建梦中告诉他次日洛川相会后驾云而去剧照之局部，以及许姬传、朱家溍所评洛神服装设计之体现。

在心。出门来唤众仙祥云驾定，带来朝见了再说前尘。"

　　洛神唱完，出门下了台阶，手里扬着拂尘与众仙女腾云而去。此时，已是四更之时。曹子建醒来唱道："猛然间睁开了蒙眬睡眼，啊！适才间一女子好似天仙。"唱完，他由桌子后面走到前面说道："好奇怪呀！方才蒙眬睡去，分明见一神女，水珮风裳，姿容绝世，竟似那甄后模样，兀的不教人想煞也！我想这梦还去的不远，待我唤她转来。"曹子建招手："我那神女呢？嗯！我那仙姬？唉！竟自去远了。我想人生在世，似这等佳梦，能有几场，偏是醒得这般快法。唉！我好恨也！"接着唱道："荒陲内乱鸡声把好梦惊散，倒教我从何处再续前缘。"而后说道："那神女梦中约我明日在洛川上相会。我不免早些安歇，明日也好前去。"这时，二太监持灯上场说道："夜已深了，请王爷后殿安寝。"曹子建说道："带路。正是：好梦难寻容易掉，柝声偏向枕边敲。"他与太监一同下场去了。

　　上述两场戏，许姬传和朱家溍除对情节、唱词、道白、表情略有说明之外，重点对梅兰芳对于洛神的服装设计、扮相和身段表演作了评述，使人们对老照片上的洛神有了更多的欣赏。许姬传、朱家溍说："以上两场，洛神服装上最突出的是披着的长纱。在《洛神赋》里面描写洛神的衣服有这样的句子'披罗衣之璀粲兮……曳雾绡之轻裾'。历来画家所画的《洛神赋图》也都是本着这个意思，画出洛神立在水面，身上飘着很长的衣服，表现着飘飘然天风吹袂的气概。梅先生编演这出戏时，在服装设计上也是继承这些文学艺术的成果而加以创造的（洛神身上的这种纱，共分为三幅三种颜色，左肩上披的一幅最长一直拖到右下方，右肩上披的一幅比较短一点披在长的里面，另一幅结成一个彩球垂在左肩下。这种纱是最轻最软最细的一种纱，所以披在身上衬托得剧中人有仙姿飘逸的气概。从首次上演这出戏起，到抗战时停止演戏止，洛神的服装已和现在的有所不同，解放后演这出戏又新制了一套绣缎的裙袄和外面的纱，在轻软的感觉上似乎比从前的差一点）。至于梅先生创造洛神这个人物的扮相，同样参考了《洛神赋》里面所谓'瑰姿艳逸，仪静体闲'的描写，穿一件轻软而又很长的纱，曳在后面更美化了洛神这个人物的形象，在舞台上更突出地表现了洛神御云而行逸趣翩翩的神态……做身段也是同样的原则，要大，要轻，要缓，所以这两场的动作在表面上看，好像没有什么重要身段，其实是很不容易恰到好处的。必须做得如流水行云不着痕迹。这种纤缓的身段，在每一个静止姿势完成的时候或身段变幻的地方，配合着毫不犹豫的眼神手势和轻快地一挥拂尘；在纤缓的舞蹈中，露出一些流利的动作，好像画家在一幅山水画上最后点上几笔醒目的焦墨一样。"

这些评述使人们对梅兰芳的舞台艺术有了更深的认识，亦对这些老照片所留下的洛神的形象与表达的情感有了更多的欣赏和感受。

4. 第 4 场：第 167—184 幅，共 8 幅

一幅晴空云景，洛神立在云端，面带喜色，右手举起拂尘，左手食指翘起，指着初升的红日，脸略扬起，向上看着，唱道："红日初升景色新，罗袂轻扬乘彩云。遥望洛川伊人近，喜得相逢诉衷情。"此时，她用手指着右下方，眼睛也向同一方向注视，在云端已经远远地看见了意中人。这一场的舞台演出与电影《洛神》所拍摄的完全不同，前面还有一段：洛神将汉滨游女、湘水神妃两位仙女召来，告诉二位仙妹："只因雍丘王曹植与小仙生前尚有未尽之缘，今日闻他在此经过。此人颇识风情，深明礼义；意欲相烦二位仙妹去往川上游戏一番，

第167幅：经放大的《洛神》
第4场中立在云端、手举拂尘
的洛神唱"红日初升景色新，
罗袂轻扬乘彩云"剧照之局部。

第168幅：经放大的《洛神》
第4场中洛神唱"遥望洛川伊
人近，喜得相逢诉衷情"剧照
之局部。

借了前缘，不知二位仙妹意下如何？"两位仙妹"甚愿奉陪"。
如此，洛神便说："小仙先行一步，二位仙妹带同仪仗即刻前
来。"并唱道："云鬟罢梳慵对镜，罗袂轻扬出殿门。众位仙真

把路引，一派清光不见人。"由此，《洛神》第4场开场，便是晴空云景中洛神立在云端及4句的一段唱腔。

对此，许姬传和朱家溍说："为了影片的画面和结构更集中一些，把汉滨游女、湘水神妃二人应邀前来的场子就删掉了。另外根据北京电影制片厂的导演同志关于：这一场洛神约定曹子建在洛川会面，同前两场压抑的情景不同，应该是表现些愉快心情的一场，建议改动一下唱词的意见。梅先生认为，特别愉快的唱词也不大适合剧情，只能比前面凄清的唱词略带一点愉快的心情。电影里这四句唱词内容可以改动，但必须适合电影的画面。由此将第一句'云鬟罢梳慵对镜'改为'红日初升景色新'，借着景中有情的描写方法来衬托一点愉快的兴致；第二句'罗袜轻扬出殿门'改为'罗袜轻扬乘彩云'，将洛神在所居住的仙宫改在云端里；第三句'众位仙真把路引'，因已没有了这些人物就改为了'遥望洛川伊人近'，把画面以外的曹子建和画面中的洛神联系起来；第四句'一派清光不见人'改成了'喜得相逢诉衷情'"。由此，《洛神》第4场便有了这样的开头和唱词。自然，第167、168两幅剧照也就有了如此的画面。

这时，曹子建上场，唱道："独自行来到洛滨，烟水茫茫何处寻！"唱罢说道："来此已是洛川，待我紧行几步者！"接着唱道："一片诚心往前进，但愿得见梦中人。"（许姬传、朱家溍按：这一场舞台演出时，曹子建手持马鞭上来，唱词是"加鞭催马到洛滨"，电影中改为步行不用马鞭了，唱词就改为了"独自行来到洛滨"）曹子建唱完朝上一望，看见了洛神，说道："远而望之，皎若太阳升朝霞；近而察之，灼若芙蕖出绿波。真乃仙人也！看她脉脉含愁，盈盈欲语，待我听她说些什么。"（许姬传、朱家溍按：这一段念白，前四句是《洛神赋》

第169幅：经放大的《洛神》第4场中曹子建朝上望见了洛神，说道"远而望之，皎若太阳升朝霞；近而察之，灼若芙蕖出绿波。真乃仙人也！看她脉脉含愁，盈盈欲语，待我听她说些什么"剧照。这幅被选作宣传用剧照。

原文里面赞美洛神的句子。每次演出时，观众听到曹子建这几句赞词，不由得就把眼光放到那个站在高处的洛神身上去了，让观众审查审查这个扮演的洛神，是否够得上早晨的太阳和出水的荷花，这时候就要看扮演的人的天赋和化装艺术如何了）洛神说道："子建哪，子建！你我彼此一别十有余年，可还记得小仙么？"曹子建说道："哎呀呀！她那里明明说着本藩与她旧有相识，只是仙凡异体，不能亲近，如何是好？有了！待我望空拜她一拜，感动于她，或者得相亲近，也未可知。"说着，他朝上一拜说道："啊，仙姬既云与本藩有缘，敢请稍停仙趾，追话前因。"

洛神听到此，微笑着表示同意，便由云端随着云来到曹子建面前。曹子建说道："承蒙仙姬下降，小王这厢有礼了。"洛神说道："子建休要如此，你可还记得我么?"曹子建不敢冒昧地说认识，就答道："这、这、这，曾在梦中见过。"洛神问道："几时?"曹子建："昨夜啊!"洛神叹道："蒙君见爱，已非一朝，怎说昨夜才见呢?"曹子建说道："既是从前就与小王相识，还望仙姬将来踪去迹说个明白。"洛神问道："若问我的踪迹么?"曹子建："正是。"洛神说道："说起来和你要远就远，要亲就亲。"曹子建问道："怎说要远就远?"洛神答道："你我二人从未交过一言。"曹子建又问道："这要亲就亲呢?"洛神答道："这要亲就亲么……"曹子建："正是。"洛神叹了一口气，低下头去，向后退了一步，说道："殿下呀!"随后唱道："提起前尘增惆怅，絮果兰因自思量。精诚略诉求见谅，难得同飞学凤凰。劝君休把妾念想。"曹子建："怎么样?"洛神说了一声："殿下呀!"接着唱道："莺疑燕谤最难当。"（许姬传、朱家溍按：这一段唱虽然只有六句，但千言万语，尽在意中）曹子建又问道："既是不能下临敝府，为何昨夜又到驿中呢?"洛神："这个……"曹子建见洛神回答不出，又没有露出不愿去的神气，以为已经默许，便用手轻轻拈着她的拂尘梢，看着她的脸色说："去去何妨啊!"洛神双目下垂，很腼腆地站着不动，见曹子建仍手拈着拂尘，便略一板脸，把拂尘轻轻地往怀里一带。曹子建赶紧向洛神打躬赔礼，嘴里说道："哎呀，得罪了。"洛神微笑着说道："无妨。"表示出并没有生气，只不过是不可能一同回府去罢了的意思（许姬传、朱家溍按：这一场表演到这里达到最高潮，也是梅先生创造洛神这个角色表现性格最鲜明的一段。这时洛神心里是十分愿意同曹子建一同去的，但仙凡隔路不能去。另外，假使曹子建根本没有这样要求或者要求了，遭到洛神严词拒绝，在舞台上都不会有现在这样动人，也

第170幅：经放大的《洛神》
第4场中洛神由云端来到曹子建
面前。曹子建说道"承蒙仙姬
下降，小王这厢有礼了"剧照
之局部。

第171幅：经放大的《洛神》
第4场中洛神告诉曹子建"若
问我的踪迹，说起来和你要远
就远，要亲就亲"剧照之局部。

第172幅：经放大的《洛神》
第4场中曹子建用手拈着洛神
的拂尘梢，邀她"到客邸略话
前尘"剧照之局部。

使观众看不出他们多年来互相爱慕的感情。通过曹子建试探性地拈着洛神的拂尘梢和洛神含羞地轻轻夺过来，突出地表现两个角色在真挚的爱慕气息中，流露出非常生动的人情味）这时，曹子建说道："仙姬呀！"紧接着唱道："既然是小王前有情分，又何妨赐颜色暂屈同行。非敢望与仙姬影怜肩并，只不过到客邸略话前尘。"随后说道："说了半日，还不知仙居何处，是何仙班，敢情以实相告，小王回去，也好香花供奉。"洛神问道："要知我的端的么？"曹子建答道："正是。"洛神："如此，子建！"曹子建："在。"洛神含笑，向曹子建招手说道："随我来。"曹子建连连应道："是，是，是，来了！"此时，洛神面朝曹子建慢慢向后退，渐退渐远，最后扬起拂尘一转身，眷恋不舍地足踏白云，腾空而去。曹子建连连说道："哎呀！且住！看此光景，莫非甄后果然成了仙了？她叫我随她前去，如何忽然不见。远远闻得仙乐之声，待俺急急赶上者。"说完，他下场而去。

这时，洛神与汉滨游女、湘水神妃及众童子走下云端。立在山巅之上的洛神和汉滨游女、湘水神妃两旁，众童子分执伞、扇、彩旄、桂旗等物侍立着。洛神唱道："屏翳收风天清明"（许姬传、朱家溍按："屏翳"，是司风的神，《洛神赋》原文有"于是屏翳收风"的句子），"过南岗越北沚杂遝仙灵"（许姬传、朱家溍注：《洛神赋》原文中有"于是越北沚过南岗"和"众灵杂遝"的句子。"沚"是水中的大土坡，"岗"是山的脊背，"杂遝"是形容"多"的样子。"遝"音沓）。唱到此，洛神坐下继续唱道："一年年在水府修真养性，今日里众姐妹同戏川滨。"此时，汉滨游女、湘水神妃随同洛神一齐站立起来。洛神接着唱道："乘清风扬仙袂飞凫体迅，搜琼琚展六幅湘水罗裙。"（许姬传、朱家溍按：《洛神赋》原文中有"飞

第 173 幅：经放大的《洛神》
第 4 场中立在山巅之上的洛神
和汉滨游女、湘水神妃与分执
伞、扇、彩旄、桂旗等物的众
童子剧照之局部。

第 174 幅：经放大的《洛神》
第 4 场中洛神唱"乘清风扬仙
袂飞凫体迅，拽琼琚展六幅湘
水罗裙"剧照之局部。

凫体迅"的句子，"凫"是一种水鸟的名称）"我这里翔神渚把
仙芝采定"（许姬传、朱家溍按：《洛神赋》原文中有"或翔神
渚"的句子），然后迈步下山，接着唱道："我这里戏清流来把
浪分。"（许姬传、朱家溍按：《洛神赋》原文中有"或戏清流"

第 175 幅：经放大的《洛神》第 4 场中洛神迈步下山，唱"我这里翔神渚把仙芝采定，我这里戏清流来把浪分"剧照之局部。

第 177 幅：经放大的《洛神》第 4 场中洛神唱"众姐妹动无常若微若隐"，汉滨游女和湘水神妃走下来与洛神同舞剧照。

的句子）洛神往右探身一蹲，将拂尘朝下一晃，作出戏水的样子，继续唱道："我这里按羽簪云鬓"（许姬传、朱家溍按：《洛神赋》原文中有"或按羽"的句子）。她一边唱一边向地下一

指，蹲身拾起一根翠羽，作插在头上的动作，又唱道："我这里采明珠且缀衣襟。"（许姬传、朱家溍按：《洛神赋》原文中有"或采明珠"的句子）洛神蹲身拾起明珠，做着往身上挂珠的身段，然后看着山上的汉滨游女和湘水神妃唱道："众姐妹动无常若微若隐。"（许姬传、朱家溍按：《洛神赋》原文中有"动无常则若微若安"的句子）汉滨游女和湘水神妃两人走下山来。洛神走上去与她们边舞边唱道："竦轻躯似鹤立宛转长吟。"（许姬传、朱家溍按：《洛神赋》原文中有"竦轻躯以鹤立"的句子，也是形容美人的姿势）"桂旗且将芳体荫。"（许姬传、朱家溍按：《洛神赋》原文中有"右荫桂旗"的句子）随后，汉滨游女和湘水神妃两人下场而去。洛神继续唱道："免他旭日射衣纹。须防轻风掠云鬟，彩旄斜倚态伶俜。齐舞翩跹成雁阵，轻移莲步踏波行。"

此时，曹子建已经暗暗上场。洛神接着唱道："翩若惊鸿来照影，宛似神龙戏海滨。"（许姬传、朱家溍按：《洛神赋》原文中有"左倚彩旄"和"翩若惊鸿"的句子）"徙倚彷徨行无定，看神光离合乍阳阴。雍丘王他那里目不转瞬，心振荡默无语何以为情！"（许姬传、朱家溍按：《洛神赋》原文中有"徙倚彷徨，神光离合，乍阴乍阳"以及"余情悦其淑美兮，心振荡而不怡"的句子）洛神唱完，把右手中的拂尘一指，左手抬起来，望着曹子建。这时，山上的童子执着仪仗走下山来，在山下排成单行；汉滨游女和湘水神妃互相示意，表示已经明白曹子建和洛神互相爱慕的关系（许姬传、朱家溍按：这一大段唱，一共二十四句，差不多包括了青衣在西皮各种板调中常用的主要唱腔。从这里可以听出很多关于青衣唱西皮的发音吐字行腔运气的各种方法。从整个戏里听不到标奇立异的腔调和卖弄花巧的迹象，梅先生那宛转长吟的"倒板"、"慢板"，悠扬第179幅：经放大的《洛神》第4场中洛神探身一蹲，将拂尘朝下一晃，戏水唱道"我这里按羽簪云鬟，我这里采明珠且缀衣襟"剧照。

第176幅：经放大的《洛神》第4场中洛神与汉滨游女和湘水神妃同舞，并唱道"竦轻躯似鹤立宛转长吟"，"桂旗且将芳体荫"剧照。

流利的"原板"、"二六"、"快板"，都十足地表达了角色的思想感情）。曹子建应道："且住，这一定是甄后成神无疑的了，待我一拜。"汉滨游女和湘水神妃向洛神问道："此位就是雍丘王么？"洛神答道："正是，待我向前。"

第 180 幅：经放大的《洛神》第 4 场中洛神将常戴的耳珠一颗赠予曹子建以报知己，曹子建将常戴的玉佩一方敬献洛神聊作琼瑶之报剧照之局部。

随后，她走到曹子建面前微笑着说道："啊子建，不要如此。小仙偶蹈尘缘，昔日曾在宫中，与殿下两相爱慕，难道果真忘怀了么？"曹子建连忙说道："朝夕思念，怎能忘怀，想起前情，令人可恨！"洛神接着说道："如今仙凡路殊，得此一会，也是前缘。小仙这里有常戴耳珠一颗，特奉殿下，以报知己。"曹子建说道："受此重赐，何以报德！小王这里也有常戴玉佩一方，敬献仙姬，聊作琼瑶之报。"洛神说道："多谢殿下。你

第 181 幅：经放大的《洛神》第 4 场中洛神说道"多谢殿下。你我言尽于此，后会无期。殿下千万珍重，小仙告别了"剧照。

第 182 幅：经放大的《洛神》第 4 场中洛神说道"你我言尽于此，后会无期。殿下千万珍重，小仙告别了"剧照。这幅被选作宣传用剧照。

我言尽于此，后会无期。殿下千万珍重，小仙告别了。"（许姬
传、朱家溍按：这末一场的歌舞，一面表现仙人悠然于天地间
的意境，一面表现洛神和曹子建相见的欢情。愉快的情绪发展
到最高潮，到了赠珠报珮以后，原来欢情里面隐藏的离情又表
面化了。《洛神赋》后一段有这样两句"悼良会之永绝兮，哀
一逝而异乡"，就是描写这个阶段的心情。梅先生这几句白念
得很慢很响，念到"小仙告别了"略带一点哽咽的声音，使台
上的意境为之一变）曹子建说道："仙姬情意，毕生难忘。"洛
神喊道："侍儿们。"众童子答道："有。"洛神说道："回府去者。"
曹子建怅然地望着洛神说道："请！"洛神拭泪，亦惆怅地看着
曹子建说道："殿下保重，小仙去也。"说完，她就在烟云四合
中隐去，留下了怅然立在水滨的曹子建的背影，以及一片烟水
苍茫、空山寂寂的景色。

《洛神》这部戏，之所以成为梅派名剧中又一传世经典，
正如许姬传和朱家溍所说，它是"一篇抒情的赋""一幅立体
而有声音的名画"。这出戏无论是在歌舞、音乐、服装、道具、
布景上，还是在舞台画面的构图，特别是对《洛神赋》这一名
篇的艺术借鉴及其表现上，都给当时的京剧表演艺术开辟了新
的道路。上述《洛神》32幅老照片，也正是梅兰芳在戏剧舞
台艺术上所作贡献的生动记录和写照。而它们以摄影形式所留
下的京剧艺术画面的展现，亦为梅派艺术及中国戏剧摄影史留
下了珍贵的史料。

老照片中与梅兰芳配戏、饰演曹子建的姜妙香前面已有所
述。对他在本剧中的表演，许姬传和朱家溍留下了如此的评
语：姜妙香先生是今天京剧小生演员的老前辈，表演艺术的精
湛是人所共知的。他自从梅先生开始排演这出戏起，就扮演曹
植这个角色。由于他平日以写字画画、莳花养鱼来陶冶自己的

第183幅：经放大的《洛神》第4场中洛神说道"侍儿们，回府去者"剧照。

第184幅：经放大的《洛神》第4场中洛神说道"殿下保重，小仙去也"，就在烟云四合中隐去，留下了怅然立在水滨的曹子建的背影和一片烟水苍茫、空山寂寂的景色剧照。

性情，再加上他本来就富于情感，所以在舞台上表演时，那一幅清逸安雅而微带憔悴的面貌，是非常适合曹子建这个人物性格的。通过他精湛的演技，在这一出戏的唱念做中，对于角色

内心的哀怨和挚诚的爱情表达得非常动人。这些老照片也都作
了真切的表达。

（五）京剧《贵妃醉酒》剧照 23 幅

它们在老照片集里共 8 页。这 23 幅照片均为 1955 年拍摄
的原作黑白照片；其中，2 寸的 9 幅、3 寸的 10 幅、6 寸的 4 幅，
有 10 幅被选作宣传用剧照，4 幅为彩色底片洗印的。同《洛神》
一样，每幅照片除注明宣传用剧照及有关简短文字外，均没有
任何的文字说明，也没有关于剧目、演出者及剧情的简介。此
外，没有缺失的照片。

《贵妃醉酒》同样是梅兰芳的经典代表剧目之一，也是梅
兰芳自 1914 年向路三宝学这出戏后到晚年，经常上演的剧目。
《贵妃醉酒》的剧情十分简单，据影片《梅兰芳的舞台艺术》
字幕介绍：贵妃杨玉环奉唐明皇之命在百花亭侍宴，临时明皇
驾转西宫梅妃处，贵妃失宠苦闷，借酒浇愁，酒醉回宫。剧
中，杨贵妃由梅兰芳扮演，高力士由萧长华扮演，裴力士由姜
妙香扮演。

对于《贵妃醉酒》的剧情及其长期的演变和梅兰芳演出的
《贵妃醉酒》，许姬传和朱家溍在《梅兰芳的舞台艺术》一书中
作了权威且通俗的解说。关于故事情节，他们讲述道：这出戏
的主角是杨贵妃。杨贵妃名叫杨玉环，是唐明皇的贵妃。故事
是这样的：有一天，唐明皇和杨贵妃约定了到御花园的百花亭
去赏花饮酒。当月亮刚刚东升的时候，太监和宫女们伺候着杨
贵妃来到御花园。她在百花亭中坐下之后，两个太监向她回禀
说"皇帝已经到西宫去了"（西宫是唐明皇的另一个贵妃——

第 185、186 幅:《贵妃醉酒》第 1 场中"杨贵妃在高力士、裴力士及众宫女的陪伴下，满心欢喜地去百花亭，等待着和唐明皇饮酒赏花及唱'那冰轮离海岛，乾坤分外明'的欢快心情"之原大 2 幅 6 寸黑白剧照，均为彩色底片。第 186 幅被选作宣传用剧照。

（彩色底片）　185

（彩色底片）　186

剧用

梅妃住的地方）。杨贵妃听了感到很出乎意料，她想到皇帝和她十分恩爱，怎么今天忽然又和梅妃玩耍去了呢？因此很生气，但是也只好耐着气。一个人喝了几杯酒，不由得有些醉

第 187、188 幅：《贵妃醉酒》
第 1 场中"杨贵妃道'蒙主宠爱，
封为贵妃，昨日圣上传旨，命
我今日在百花亭摆宴'，'皓月
当空……奴似嫦娥离月宫'及
传令高力士、裴力士备齐酒宴，
摆驾百花亭"之原大 2 幅 3 寸
黑白剧照。第 188 幅被选作宣
传用剧照。

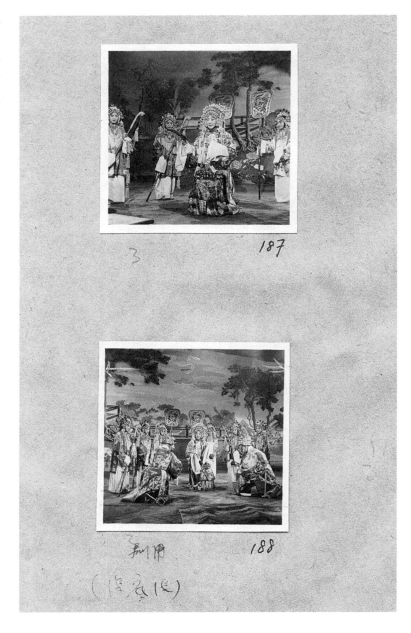

了，在花园里看看花，又多喝了几杯酒就大醉了。醉后无聊，
只好冷冷清清地回宫去了。许姬传和朱家溍指出，舞台上出现
的人物只有杨贵妃和两个太监、10 个宫女（在舞台上有时是 8

第 189、190 幅:《贵妃醉酒》第 1 场中"杨贵妃来到玉石桥,看见空中雁后唱'长空雁,雁儿飞……雁儿并飞腾,闻奴的声音落花阴,这景色撩人欲醉,不觉来到百花亭'"之原大 2 幅 6 寸黑白剧照,均为彩色底片。第 190 幅被选作宣传用剧照。

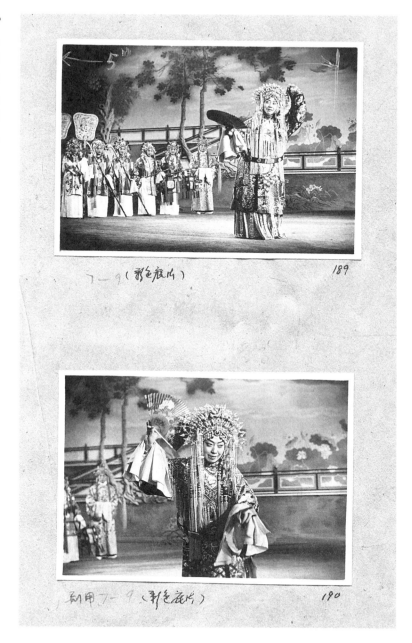

个),情节很简单,只是通过剧中主角的歌唱、表情、舞蹈来描写封建时代宫廷中的妇女——像杨玉环这样的人物的苦闷心情和她的生活环境。

两位先生特别追溯了这出戏的历史演变：这种类型的歌舞剧，在京剧节目中还不多见。据著名戏曲家浦西园先生（即清朝成亲王永瑆的长孙浦侗，别署红豆馆主）和音乐演奏者、著名昆腔专家曹心泉先生所说："从前没见过京班演《醉酒》。光绪十二年（1886）7月间，有一位演花旦的汉剧演员吴红喜，艺名叫'月月红'，到北京搭班演唱。第一天就唱《醉酒》，月月红把这出戏唱红了，大家才跟着也演唱《醉酒》。"但这并不是说，《醉酒》在光绪年间才开始编演。根据史料记载可以知道，远在皮黄系统的戏曲还没来到北京演唱以前，就已经有了这出戏，但作者的名姓已经失传。在清朝乾隆时期，庄亲王允禄下令刻印的朱廷镠、朱廷璋所编的一部名叫《太古传宗》的曲谱中，就有一出《醉杨妃》。唱词和现在的《贵妃醉酒》几乎完全相同，只比现在演出本的词句多些。叶怀庭的《纳书楹曲谱》补遗里面，也载着同样的时剧《醉杨妃》。吴太初的《燕兰小谱》中，同样记载着当时昆腔班保和部的演员双喜官常常演《醉杨妃》，说明在康熙时期，《醉杨妃》已经是舞台上很流行的一出戏了。汉剧的《贵妃醉酒》，可能是根据《醉杨妃》编演的，后来又传到皮黄戏班来，皮黄戏班的《贵妃醉酒》多少年来为广大观众所喜爱。在演技方面，曾经有很多

第191—194幅：《贵妃醉酒》第2场中"杨贵妃听太监报唐明皇已经到西宫去了后，心中烦闷，连饮太平酒、龙凤酒、通宵酒后唱'通宵酒捧金樽，高装二卿殷勤。人生在世如春梦，且自开怀饮几盅'，以及微醉之后的醉酒舞蹈"之原大4幅2寸黑白剧照。第191幅被选作宣传用剧照。

著名演员的辛苦创造。像路三宝、余玉琴、郭际云（艺名"水仙花"）等等优秀演员，都擅长演这出戏。梅兰芳就是向路三宝学习的。从1914年开始学这出戏到晚年，《贵妃醉酒》始终是他经常上演的剧目之一。

而梅兰芳在这出代表性剧目中的贡献，正如许姬传和朱家溍所说，就在于"继承了过去名演员的优秀成果，删掉了过去表演中不健康的部分（笔者注：如旧剧中杨贵妃于怨望之余，以酒解愁，三杯即醉，春情顿炽，忘其所以，放浪形骸，频频与高力士、裴力士二太监作种种醉态，及求欢猥亵状等格调低俗的色情表演）；在这四十多年舞台实践中，不但把传统的表演技术做到了简练精确，而且运用了现实主义的表演方法，丰富了人物的思想感情，塑造了优美的人物形象，使《贵妃醉酒》这出传统歌舞剧的表演达到新的高峰"。

从《贵妃醉酒》这出戏的23幅老照片中，都能或多或少地感受到梅兰芳通过杨贵妃的饮酒从掩袖而饮到随意而饮，以外形动作变化所表现出来的那种失宠贵妃从内心苦闷、强自作态，到不能自制、沉醉失态的心理变化过程；亦能通过梅兰芳优美的歌舞动作，从载歌载舞中，感受到那种细致入微地将杨贵妃期盼、失望、孤独、怨恨的复杂心情一层层深入揭示，使"醉中见美"与"美中见醉"兼而有之，最终

第195—198幅：《贵妃醉酒》第2场中"裴力士向杨贵妃进酒，请她赏饮。杨贵妃指责酒太烫了后，将裴力士盘中的酒杯用嘴叼起，转身一饮而尽"之原大4幅2寸黑白剧照。第195、196幅被选作宣传用剧照。

使杨贵妃这样一位"怨妇",成为一个"优美的人物形象"而长存于这黑白的影像之中。现仍按原照片或剪裁或放大,"白话"简编描述如下,再现梅兰芳于耳顺之年表演《贵妃醉酒》、载歌载舞之时,所创新的这一帝妃人物失宠后的苦闷情感和他对京剧艺术所作的贡献。23幅老照片的具体记录如下:

1. 第1场:第185—190幅,共6幅

高力士、裴力士和8个宫女,分别手持符节、宫灯上场。杨贵妃在幕后说道:"摆驾!"接着,在身后两个持扇宫女的陪伴下缓步走了出来,二目平视,态度稳重,脸上微露出怡然自得的神气。

随后,她整冠抖袖,载歌载舞地(许姬传、朱家溍按:两边抖袖的身段是:右手的扇子交到左手平举过扇,身子往下略蹲,左脚踏在右脚的后右边,先抖右袖,再把扇子交回右手,站起来做左边的抖袖身段。《醉酒》这出戏通场所有的动作,都是舞蹈性很强的,因而出场的抖袖整冠动作,也比其他戏的抖袖整冠显著,舞蹈性格外强些)唱道:"海岛冰轮初转腾;见玉兔,玉兔又转东升。那冰轮离海岛,乾坤分外明。皓月当空,恰便似嫦娥离月宫,奴似嫦娥离月宫。"这时

第199—201幅:《贵妃醉酒》第2场中"高力士、裴力士诓驾,向杨贵妃谎称唐明皇驾到。杨贵妃醉醺醺地率众宫女、力士排队迎驾",及"不得已,高力士、裴力士告诉杨贵妃是他们诓驾。杨贵妃啐他们,并唱'这才是酒不醉人人自醉。平白诓驾为何情'"之原大1幅2寸、2幅3寸黑白剧照。第199幅被选作宣传用剧照。

的杨贵妃，在满心欢喜地等待着和唐明皇在百花亭饮酒赏花。

对于这段歌舞，许姬传、朱家溍逐句地对每个身段、抖袖整冠、行进线路、扇子的运用，特别是眼神的变化作了详解，并评价说："这一段歌舞好像一首赏月的诗，把人看月亮时候的心情通过各样的神情姿态表达出来。"特别是"戏里每一个表情身段，都是要运用眼神紧密地配合着它"，梅兰芳用眼神去引领观众应该注意的动作。在这一段歌舞里，尤其容易看出他目光的焦点和视线的移动，是怎样的准确、敏捷。例如：唱"见玉兔"，随着打开的扇子交到左手以后，梅兰芳就把注视焦点收回来看着自己的鼻尖；转过身来又注视右手的水袖，把水袖举起翻上去以后，再把注视焦点放到左上方一个适当的角度上。在这短短时间的几个动作当中，眼睛注视的焦点同歌唱身段紧密地配合着；它的收放和移动，好像一条线在那里摇漾地贯串着歌舞，吸引着观众。这也是这部分老照片所留下的最突出的特色和最光彩照人的地方。

唱完，杨贵妃抖袖整冠，坐在宝座上，把刚才赏月时喜形于色的神气收敛起来，接受太监们的朝

第202—204幅：《贵妃醉酒》第2场中"杨贵妃坐在椅子上，向裴力士再要酒喝，并唱'若是遂得娘娘心，顺得娘娘意……管教你官上加官，职上加职'和裴力士说'我们可吃罪不起呀，我不敢拿去'之后，被赏了三个'锅贴'（耳光）"之原大3幅3寸黑白剧照。第203、204幅被选作宣传用剧照。

见。高力士、裴力士上前跪下说道："奴婢高（裴）力士见驾，娘娘千岁。"杨贵妃说道："二卿平身。"高力士、裴力士："千千岁。"杨贵妃说道："丽质天生难自捐，承欢侍宴酒为年；六宫粉黛三千众，三千宠爱一身专。本宫，杨玉环。蒙主宠爱，封为贵妃，昨日圣上传旨，命我今日在百花亭摆宴。高、裴二卿。"高力士、裴力士应道："在。"杨贵妃问道："酒宴可曾齐备？"高力士、裴力士答道："俱已齐备！"杨贵妃令道："摆驾百花亭。"高力士、裴力士喊道："是。摆驾百花亭啊！"杨贵妃起身离座，迈出门槛，向前朝百花亭走去，且边走边舞边唱："好一似嫦娥下九重，清清冷落在广寒宫。啊，广寒宫。"（许姬传、朱家溍按：这一段歌舞表现杨贵妃要到百花亭去的时候，刚站起来觉得身子困倦懒得迈步的神气，十足地渲染出宫廷贵妇莺娇燕懒的意态，"清清冷落"的身段可能就是由妇女伸着懒腰迈步的姿态上演化出来的）这时，高力士报道："娘娘，来此已是玉石桥。"杨贵妃说道："引路。"高力士应道："喳，摆驾呀。"只见宫女们在杨贵妃身后站成了一排。杨贵妃用左手稍微往上提起一些裙子，右手搭袖，轻地移

　　第205—207幅：《贵妃醉酒》第2场中"杨贵妃叫高力士到西宫把唐明皇请来一块儿饮酒，高力士说不敢去。杨贵妃用水袖抽了高力士三个嘴巴，并说若是不顺娘娘心，来朝把本奏，赶出宫门叫你碎骨粉身。高力士说'我实在不敢去呀，您派别人去吧'和裴力士、高力士二人嘀咕，及最后"杨贵妃不得已摆驾回宫，并唱道'恼恨李三郎，竟自将奴撇，撇得奴挨长夜……只落得冷冷清清回宫去也'"之原大3幅3寸黑白剧照。第206幅被选作宣传用剧照。

第185幅：经放大的《贵妃醉酒》第1场中杨贵妃在高力士、裴力士及宫女的陪伴下，满心欢喜，摆驾百花亭，准备与唐明皇饮酒赏花剧照之局部。这幅为彩色底片洗印。

步，一蹭一蹭，好似走上了桥的最高处。她一面走，一面唱道："玉石桥斜倚把栏杆靠。"裴力士指着水里的鸳鸯说道："鸳鸯戏水。"杨贵妃将眼睛向下方微微地一瞟，手做兰花式，手心向外，掩口微笑，有些含羞地唱道："鸳鸯来戏水。"这时，高力士说道："金色鲤鱼朝见娘娘。"杨贵妃接着唱道："金色鲤鱼在水面朝。啊，水面朝。"此时又传来雁叫声。裴力士说道："娘娘，雁来啦！"杨贵妃又唱道："长空雁，雁儿飞。哎呀，雁儿呀！雁儿并飞腾，闻奴的声音落花阴，这景色撩人欲醉。"裴力士、高力士二人一同说道："来到百花亭！"杨贵妃接着唱道："这景色撩人欲醉，不觉来到百花亭。"唱完，她整冠转身，背手向里，走进亭子。宫女们站立两旁。

杨贵妃坐在宝座上唤道："高、裴二卿。"高力士、裴力士答道："在。"杨贵妃淡淡地吩咐道："少时圣驾到此，速报我知。"高力士、裴力士应道："喳！"（许姬传、朱家溍按：这时杨贵妃满有把握地在等待着皇帝的来临，所以并没露出盼望的意思；只是端坐着淡淡地说一句"少时圣驾到此，速报我知"。从出场到此为止，是为了"奉召"而来，所有的神情动态配合着一路所见的景物，都显出她内心的愉快，和下面闻报"驾转

第186幅：经放大的《贵妃醉酒》第1场中杨贵妃整冠抖袖，载歌载舞地唱"海岛冰轮初转腾；见玉兔，玉兔又转东升。那冰轮离海岛，乾坤分外明。皓月当空，恰便似嫦娥离月宫，奴似嫦娥离月宫"，满心欢喜地等待与唐明皇饮酒赏花剧照之局部。这幅为彩色底片洗印，并被选作宣传用剧照。

西宫"后的抑郁怨恨，成为强烈的对照）这时，只见裴力士对着高力士说道："喂，高公爷。"高力士答道："裴公爷。"裴力士说道："万岁爷驾转西宫啦，咱们得回禀一声。"高力士附和道："对，咱们得回禀一声。"说着，二人向杨贵妃跪下说道："娘娘，万岁爷驾转西宫啦！"杨贵妃觉得一阵心慌意乱，非常惊讶地说道："啊，起过。"（即"走过去"之意）她紧接着又说道："且住，昨日圣上传旨，命我今日在百花亭陪宴，为何驾转西宫去了！且自由他。"（许姬传、朱家溍按：说这句话的时候，杨贵妃露出十分怨恨的意思，但也没有什么办法，只好忍住气，转身向里走。这时候心情已稍微平静，就想到刚才自己一阵心慌意乱，一定是看在宫娥、太监们的眼里了，觉得很不自在。这件不痛快的事，假若不是发生在他们大家的面前，也还不至于这样难堪。想到这里就赶紧回过身来向高、裴二

242

第187幅：经放大的《贵妃醉酒》第1场中杨贵妃唱完"奴似嫦娥离月宫"后，接受太监们的朝见剧照之局部。

第189幅：经放大的《贵妃醉酒》第1场中杨贵妃来到玉石桥唱"雁儿并飞腾，闻奴的声音落花阴"剧照之局部。这幅为彩色底片洗印。

第190幅：经放大的《贵妃醉酒》第1场中杨玉环唱完"这景色撩人欲醉，不觉来到百花亭"走进亭子剧照之局部。这幅为彩色底片洗印，并被选作宣传用剧照。

第188幅：经放大的《贵妃醉酒》第1场中杨贵妃接受裴力士、高力士朝见，得知酒宴俱已齐备，令摆驾百花亭剧照之局部。这幅被选作宣传用剧照。

人讲话）杨贵妃说道："高、裴二卿。"高力士、裴力士应道："在。"杨贵妃吩咐道："酒宴摆下，待娘娘自饮几杯。"高力士、裴力士说道："领旨。"（许姬传、朱家溍按：杨贵妃说完这句话就抖袖整冠，极力克制自己的情感，转过身去，端着玉带，往右转身缓步走进里场椅。据梅先生说："当初看京剧名演员黄润甫先生演《阳平关》的曹操，念完引子走进里场椅这一节身段的背影，特别威严稳重。我在看戏当中很自然的受了熏染，等到演《醉酒》这一场时不知不觉的就用上了"。但这并不是机械的模仿，而是梅先生把在看戏时所得到的启发，经过融会贯通，化为旦角动作的营养；等到自己演的时候，遇到类似情节，运用起来就成为自己的得意之笔了。而从出场到此为止，醉前的身段就告一段落了）

此刻，裴力士捧着盘子，盘子里摆着酒杯，走到了桌子前面跪下说道："娘娘，奴婢裴力士进酒。"杨贵妃问道："进的是什么酒？"裴力士回道："太平酒！"杨贵妃接着问道："何谓太平酒？"裴力士答道："满朝文武所造，名曰太平酒。"杨贵妃吩咐："呈上来。"裴力士立即走近桌子进酒。杨贵妃左手拿杯，右手用扇遮住手中的杯，规规矩矩地慢慢喝下去，喝完之后，把杯子放在盘中。这时候，她的心情虽然苦闷，但还能克制，外表很是镇静。此时，宫女们走到桌前跪下说道："宫娥们进酒。"杨贵妃同样问道："进的是什么酒？"宫女答道："龙凤酒。"杨贵妃继续问道："何谓龙凤酒？"宫女答道："三宫六院所造，名曰龙凤酒。"杨贵妃吩咐："呈上来。"（许姬传、朱家溍按：这时候的杨贵妃已经一杯酒喝下去了，由于刚才的不痛快，酒入愁肠，更勾起怨恨的心情。在喝这第二杯酒的时候，是拿起来就喝，扇子也不那样认真的挡住，表现出有些微醺的样子，不像喝第一杯酒时那样款式了）杨贵妃喝完了这杯酒放下杯。宫女们退后。高力士捧酒出来，跪下说道："娘娘，奴婢高力士进酒。"杨贵妃唤道："高力士。"高力士："有。"杨贵妃继而问道："进的是什么酒？"高力士答道："通宵酒。"杨贵妃稍微向上一扬脸，微带怒容地说道："呀—呀—啐，何人与你们通宵！"高力士害怕地"呀—呀—啐"地连叫带啐地跌坐在地下，并急忙说道："娘娘不要动怒，此酒乃是满朝文武不分昼夜所造，故名通宵酒。"此刻，杨贵妃因通宵两字不成体统动怒，而经高力士解释以后，便略带笑容地说道："好，如此呈上来！"随后唱道："同进酒，啊—捧金盅，宫娥力士殷勤奉啊！"高力士插言道："娘娘，人生在世……"杨贵妃接唱道："人生在世如春梦"（许姬传、朱家溍按：这两句台词诗句作者描写宫廷里的女子，虽然有物质上的享受，精神上却有说不出的空虚苦闷，在酒后自然地流露出来）高力士再次插言道："且自开怀……"杨贵妃接唱道："且自开怀饮几盅。"唱完这句，杨贵妃微带笑容，向高力士招手，表示叫他进酒。高力士跪着往前挪了几步，靠近桌子。杨贵妃拿起酒杯，也不用扇子来遮，一饮而尽。这时候，她已经是有些醉了，露出放诞的神气，在一个小锣声中结束了初饮的三杯酒（许姬传、朱家溍按：三次饮酒不同的身段，表现了内心变化的三个阶段）。

见此情景，高力士对裴力士说道："裴公爷，娘娘可有点醉啦！咱们留点儿神哪。"裴力士应道："小心点儿。"这时，杨贵妃说道："娘娘酒还不足，脱了凤衣，看大杯伺候。"高力士、裴力士应道："领旨。"此时，杨贵妃的一切表情、动作都充满了醉意，勉强地刚刚站起来又坐下了，待重新扶住椅子站了起来，就又立即双手搭袖扑在了桌子上，一副头昏眼花、欲吐不吐的样子。她微微摇一摇头，又慢慢地站起来，扶着椅子向左、右两边看了看，挣扎着慢慢地离开椅子，扶着桌角往下一蹲，轻轻地试着脚步，要走下台阶，却因浑身无力、两腿发软几乎要跌倒，吓得两旁的宫女赶紧上前要去扶她。杨贵妃对宫女们微笑着摇一摇头，表示"不要紧，不会跌倒"，慢慢地自己站起来，像踩着棉花一般走着醉步，眼看着高力士、裴力士二人，意思是叫他们再去预备酒。这时，两个宫女上前，搀扶着站立不稳的杨贵妃（许姬传、朱家溍按：这种宫女们怕杨贵妃跌倒赶紧来扶，自己挣扎着慢慢地站起来，喝醉酒偏要表示没醉的身段表演，是梅先生自1953年赴朝鲜慰问演出时开始的，它比传统的只是杨贵妃一人在表演要活泼生动了许多）。

2. 第 2 场：第 191—207 幅，共 17 幅

此时，已经喝醉的杨贵妃上演了全剧最为著名的一场"醉后赏花"的舞蹈。在《贵妃醉酒》的 23 幅老照片中，就有 5

第191幅：经放大的《贵妃醉酒》第2场中杨玉环醉后赏花舞蹈之一：第一个"卧鱼闻香"剧照。这幅被选作宣传用剧照。

第192幅：经放大的《贵妃醉酒》第2场中杨玉环醉后赏花舞蹈之二：完成第一个卧鱼身段之后走着醉步剧照。

幅记录了这一场景。许姬传和朱家溍对这段舞蹈作了详尽的描述，现简要摘录如下：伴奏声中，杨贵妃倒退着走着醉步出来，到了台的中心往左转身，面朝前台，翻左袖，抖右袖，眼睛向右下方注视着袖子的动转；抖完之后往右转身，照样做左边的抖袖翻袖的身段；整冠，向左一看摆着的空椅子，想起这个座位是给皇帝预备的，如今空在这里，又引起怨恨，脸上微现怒容，向着椅子一甩袖子；然后往左转身，看着假设摆有花盆的地方，左手搭袖，右手翻袖，一面转身，一面随搭随翻随放下，连转两个身就到了大边的台口，然后再左手搭袖，右手反搭袖，慢慢往下蹲，做卧鱼（卧鱼的姿势即往下蹲身，头部

第193幅：经放大的《贵妃醉酒》第2场中杨玉环醉后赏花舞蹈之三：慢慢蹲下身去，做拈枝嗅花的姿势剧照。

第194幅：经放大的《贵妃醉酒》第2场中杨玉环醉后赏花舞蹈之四：第二个"卧鱼闻香"剧照之局部。

第195幅：经放大的《贵妃醉酒》第2场中杨玉环醉后赏花舞蹈之五：第二个"卧鱼闻香"之后走着醉步，重新坐到椅子上剧照之局部。这幅被选作宣传用剧照。

向一边倾斜像要卧倒的样子）的身段，左手做着拈枝嗅花的姿势，眼睛微闭，好像在享受花的香味。随后，睁开眼之后慢慢站起来，双袖往下一掸。完成这第一个卧鱼的身段之后走着醉步，往右转身，看假设有花盆的地方，右手搭袖，左手翻袖向右转身，随搭随翻随放下来，连转两个身到了另一边，而后右手反搭袖，臂略曲，头略向右倾；左手搭袖平抬着胳臂，又慢慢蹲下身去；右手从袖子里露出来，做拈枝嗅花的姿势。完成第二个卧鱼的身段两次卧鱼之后，仍走着醉步，又坐到了椅子上，左臂靠着桌子，完成了这段舞蹈，将继续下面的"赏饮"，由"初醉"阶段而进入"沉醉"阶段。

许姬传和朱家溍说：从前演《醉酒》的卧鱼动作，只是单纯做身段，并没有嗅花的表演。梅兰芳曾经说过："学会这出戏以后，也是这样演，身段虽美，却想不出和剧情有什么关系。抗战时，在香港住着的公寓前面草地上种了不少花，颜色很鲜艳，有一天看花时不在意的俯身去闻了一闻，一位朋友看见说，你这样倒很像在做卧鱼的身段。这句无关紧要的话提醒了我，想这卧鱼的身段也是可以做成闻花的意思。所以抗战胜利之初，在上海复出再演《醉酒》时，就改成卧鱼是为闻花而设了。"另外，从抗战胜利后到 1950 年前，剧中卧鱼的身段是三次。后来，根据观众建议以及当初梅兰芳向路三宝学这出戏的感受，并请教川剧、汉剧演员，就把中间的一次卧鱼删掉而成为两次。对此，许姬传、朱家溍两位先生评价：这一场醉后赏花的身段，经过几年不断地钻研，比起过去单纯的三次卧鱼，可以说是又达到了一个新的阶段。剧本作者在前面已经描写了月、雁、鱼等景物来烘托杨贵妃的周围环境，这里含蕴着用成语"沉鱼落雁、闭月羞花"来形容女子貌美的意思。只有"花"还没有用歌舞体现出来，梅兰芳在这一场的创造，恰好丰富了剧本的空白点。

人们对照着戏剧大家的这些描述，观赏着当年影片《梅兰芳的舞台艺术》所展现出的这段"卧鱼闻香"身段时，就会感慨，作为大艺术家的梅兰芳是如何从生活中那些微小的细节上获得灵感，及其所花的心思和付出的心血；自然也会感受到，这5幅老照片至今依然散发出的梅派艺术的"花香"。

杨贵妃赏花之后，闭着眼坐在椅子上。这时，裴力士来到杨贵妃面前跪下进酒，并说道："娘娘，奴婢裴力士进酒，请娘娘赏饮。"杨贵妃睁开眼睛，随后站起来向裴力士手捧的酒杯一看，面带笑容，迈着很小、很快的脚步，身子微微地摇摆着、一副醉人见酒就喜欢的状态，走到了裴力士的面前，刚刚要喝，就觉得酒的热气直往上冒，脸上现出不大高兴的样子。裴力士一边急忙问道："酒太热啦？"一边用手掬酒并说道："酒不热啦，请娘娘赏饮！"只见杨贵妃两手反搭袖掐腰，迈着小而快的脚步，到了裴力士的面前，放下袖子，再搭袖掐腰，右脚上步，往下蹲身，就着酒杯喝酒，然后慢慢衔起酒杯，向左翻身，弯腰到最深处放下杯子，最后站起来，左袖一掸，就又坐在了椅子上。裴力士惊得擦了一下汗，站起来匆匆下去。

紧跟着，高力士捧着酒，又来到杨贵妃面前跪下说道："娘娘，奴婢高力士进酒，请娘娘赏饮。"听见高力士的声音，杨贵妃再次站起来向左转身，左手翻袖，右手扶着椅背，向高力士手中捧的酒杯一看，正要俯身去饮，忽然想起酒可能又是很热，便摇摇头不喝。高力士一边急忙问道："啊？酒暴啦。"（酒加热到一定程度，表面上出现乱跳的小颗粒似的水点，称为酒暴）一边用手掬酒并说道："娘娘，酒不暴啦，请娘娘赏饮！"此刻，杨贵妃的身段和前次喝酒时一样，站起来，左脚上步，蹲下身去，就着酒杯喝酒，然后慢慢衔起杯子，向右翻

第196幅：经放大的《贵妃醉酒》第2场中裴力士跪在杨贵妃面前说"奴婢裴力士进酒，请娘娘赏饮"剧照。这幅被选作宣传用剧照。

第197幅：经放大的《贵妃醉酒》第2场中杨贵妃搭袖掐腰往下蹲身，就着酒杯喝酒后，翻身弯腰到最深处放下杯子剧照。

第198幅：经放大的《贵妃醉酒》第2场中裴力士跪在杨贵妃面前说"奴婢裴力士进酒，请娘娘赏饮"剧照。

身下腰，翻过身来放下杯子，慢慢站起来，右袖往下一掸，依旧坐回椅子上闭着眼。高力士擦了一下汗，站起来离去。

宫娥们又上来，向杨贵妃跪下进酒，并一齐说道："宫娥们进酒，请娘娘赏饮！"杨贵妃睁开了眼，慢慢站起来，扶着桌子，向宫娥们捧着的酒杯一看，脸上现出一些不想喝的意思。宫娥们又齐声说道："请娘娘赏饮。"这时候的杨贵妃已经到了不想再喝酒的程度，但人越是喝醉之后，越不肯说不能喝。听见宫娥们二次说"请娘娘赏饮"，她便双手搭袖，右脚上步，蹲下身去，就着杯子喝酒，然后慢慢衔起杯子，双手掐腰，向左翻身下腰，翻过身来将要放下杯子，而又慢慢地翻回去，才放下杯子。杨贵妃刚刚站起来，突然低下头"呕吐不止"起来，两个宫娥赶紧扶她到椅子上坐下。

此时，宫娥退下，高力士、裴力士二人上场（许姬传、朱家溍按：从第一场喝完了酒赏花为止，是初醉的阶段。从这三杯酒喝下去，是大醉的阶段了。这几个翻身下腰的身段，是历来观众所欣赏的。这些动作都是富有感染力的表演，假使仍然像第一场那样手拿酒杯坐着喝，就表现不出酒酣之后继续狂饮的情态了）。见此状况，裴力士对高力士说道："高公爷，娘娘今儿个可喝醉啦！不想回宫，这可怎么好哇！"高力士出主意说道："咱们诓驾吧！"裴力士问道："那要诓出祸来呢？"高力士说道："不要紧，都有我哪！"裴力士说道："都有您哪。好，咱们诓驾。"随后，二人一齐喊道："万岁爷驾到哇！"杨贵妃"哦"了一声，接着唱道："耳边厢又听得驾到百花亭。"裴力士、高力士二人又喊道："驾到哇！驾到哇！"众宫女上来。杨贵妃双手揉眼，懒洋洋地站起来，扶着两个宫娥唱道："哎……吓得奴战战兢兢跌跪在埃尘。"她跪倒在地，低着头说道："妾妃接驾来迟，望主恕罪。"这时，裴力士向高力士使眼色。高力

第200幅：经放大的《贵妃醉酒》第2场中杨贵妃用右手向自己头上一指，对裴力士唱"管叫你官上加官，啊，职上加职"剧照之局部。

第201幅：经放大的《贵妃醉酒》第2场中杨贵妃嘴里说着"呀—呀—啐"，伸手打了裴力士三个嘴巴剧照之局部。

士无可奈何地对杨贵妃说道："娘娘，我们乃是诓驾。"杨贵妃抬起头来一看，"啊"了一声。裴力士赶紧答道："奴婢乃是诓驾。"杨贵妃："呀—呀—啐"，啐后唱道："这才是酒不醉人人自醉。平白诓驾为何情！啊，为何情！"唱后，她推开两边搀扶的宫女坐到椅子上。见此情形，进宫比裴力士早、比较圆滑的高力士想溜走，便对裴力士说道："裴公爷，我这两天有点闹肚子，得找地方走动走动。您偏劳吧！"裴力士说道："您可快点回来呀！"高力士答道："我这就回来。"便走了。

裴力士自言自语道："他走啦，我也溜了吧。"他刚刚扭过身去要走，就听杨贵妃忽然说道："裴力士！"他赶紧回来，跪在地下应道："奴婢在。"杨贵妃唱道："裴力士！啊，卿家在哪里呀？"裴力士急忙答道："伺候娘娘。"杨贵妃将两手举到脸前慢慢搓着，揉开眼睛，看见裴力士跪在地下，一投左袖唱道："娘娘有话来问你。"她站立起来，边唱边向裴力士跪着的地方走来："你若是遂得娘娘心，顺得娘娘意，我便来、来把本奏丹墀。哎呀，卿家呀！"裴力士应道："娘娘！"杨贵妃接

第199幅：经放大的《贵妃醉酒》第2场中高力士、裴力士诓驾。杨贵妃站立起来，扶着两名宫女唱道"耳边厢又听得驾到百花亭"剧照。这幅被选作宣传用剧照。

第202幅：经放大的《贵妃醉酒》第2场中杨贵妃对裴力士唱"你若是不遂娘娘意，不顺娘娘心，我便来、来朝把本奏君知，管叫你赶出了官门"。

着唱道："管教你官上加官，啊，职上加职。"裴力士问道："谢谢娘娘，什么差事呀？"（许姬传、朱家溍按：杨贵妃正在昏昏沉沉的时候，被高、裴二人诓驾惊醒，她是喝醉酒的人，这时往往喜欢生出一点事情来开心，同时也要显示自己并没醉）此刻，杨贵妃做出拿酒壶、酒杯斟酒的手势，使眼色暗示裴力士再进酒。裴力士连忙说道："哦哦，我明白啦！您还要喝酒，是不是？娘娘，这酒可喝得不少啦！再喝可就过量啦！喝大发啦，万一出点儿错，我们可吃罪不起呀，我不敢拿去！"杨贵妃看裴力士不去拿酒，又挥袖叫他去。见他再三不去，杨贵妃脸上现出怒容，嘴里说着"呀—呀—啐"，伸手打了裴力士三个嘴巴。裴力士"哎哟"叫着，杨贵妃接着唱道："你若是不遂娘娘意，不顺娘娘心，我便来、来朝把本奏君知，咦，奴才啊！管叫你赶出了官门！"裴力士喊道："娘娘，你可别那么办

第203幅：经放大的《贵妃醉酒》第2场中杨贵妃对裴力士唱完"受尽苦情"后坐在椅子上剧照。这幅被选作宣传用剧照。

呀！"杨贵妃又手指裴力士唱道："受尽苦情。"随后，在椅子上坐了下来。

裴力士哀求道："娘娘，饶了我吧。"说完，裴力士站起来出了门，自言自语道："这个差事可不好当，这会儿高公爷也不知道上哪儿去了！"这时，高力士上场，对裴力士说道："劳您驾！"裴力士说道："您来啦，我先偏您啦！"高力士问道："怎么样？"裴力士说道："赏了我三个'锅贴'（即嘴巴）。"高力士说道："您不小心点儿么？"裴力士说道："您在这钉着点儿，我有点儿要紧事。"高力士说道："快回来，叫谁……，谁伺候着。"此时，杨贵妃叫道："高力士！"裴力士对高力士说道："听见没有？叫你哪！"说完，很快地走了。高力士马上应道："奴婢在。"杨贵妃睁开眼一笑，慢慢站起来唱道："高力士，卿家在哪里呀？"高力士跪下，面朝着杨贵妃连忙应道："伺候娘娘。"杨贵妃接着唱道："娘娘有话来问你，你若是遂得娘娘心，顺得娘娘意，我便来、来朝把本奏君知。哎呀，卿家呀，管教你官上加官，啊，职上加职。"高力士说道："我谢谢娘娘，您有什么吩咐？"杨贵妃做了个手势，指一指上面摆的座位，意思是叫高力士去请唐明皇，但高力士错会了意，问道："您让我叫几个人来，把这张桌抬到那边高坡，在那边饮酒，眼亮是不是？"杨贵妃摇一摇头，又做手势仿效唐明皇整冠理须，然后做出拉着一个人的样子往里走几步，朝着椅子把双袖往下一放，再以手比作二人对饮的情形。高力士这才明白过来，说道："哦，您让我去到西宫，把万岁爷请来，跟您一块儿饮酒，是不是？"杨贵妃满意地点点头，并且挥袖叫他去。高力士赶忙说道："奴婢不敢去，梅娘娘一生气要打我，您派别人吧。"杨贵妃依然挥袖叫高力士去请唐明皇，高力士仍不肯去。杨贵妃生气了，喊道："呀—呀—啐"，随后反手用水袖抽了高力士三个嘴巴。高力士喊道："哎哟！"杨贵妃接着唱道："你若是不遂娘娘意，不顺娘娘心，我便来、来朝把本奏当今，咦，奴才啊！管叫你赶出了宫门！"高力士哀求道："娘娘开恩，别那么办！"杨贵妃又唱道："碎骨粉身。"高力士说道："我实在不敢去呀，您派别人去吧。"（许姬传、朱家溍按：以上杨贵妃同裴力士和高力士的表演，过去一般都在这里渲染杨贵妃醉后思春，不免有些猥亵的手势和表情。梅先生过去每次演到这里，

第 204 幅：经放大的《贵妃醉酒》第 2 场中杨贵妃对跪着的高力士做去请唐明皇来喝酒的手势剧照。这幅被选作宣传用剧照。

总是用模糊的表情来冲淡。解放后就毅然删掉那一些表演，明确地把这一段表演改成现在这种样子）唱罢，杨贵妃仍回到椅子上，闭着眼睛。

高力士刚刚要站起，看见杨贵妃忽然睁开了眼，赶紧又跪下。杨贵妃挥袖仍叫他去请唐明皇，但高力士依旧不敢去。杨贵妃就走过去，用双手揪高力士的头，意思是还叫他去。当听见高力士说"娘娘，那是我的帽子"，她才发现是把高力士的帽子揪下来了，而没把人揪动，索性把高力士的帽子戴在自己的凤冠上面。高力士说道："娘娘，那是我的帽子。您这是冠上加冠哪！把帽子赏给我吧。"杨贵妃又学男人走路的姿势走了三步，把帽子从头上又掉到手里，在高力士左右晃悠，仿佛要把帽子还给他，但又没还给他。最后，她又一蹲身，双手一环，把帽子扔给了高力士，随后唱道："杨玉环今宵如梦里。想当初你进宫之时，万岁是何等的待你，何等的爱你；到如今一旦无情明夸暗弃，难道说从今后两分离！"此时，杨贵妃醉后寻乐的心情已渐渐消失，也知道盼着唐明皇也许惠临的想头没有了指望，现出失望的神色。高力士面对上场的裴力士说道："您可应着我了，照样三'锅贴'。"

裴力士抿嘴偷乐，对高力士说道："天不早了，咱们该请娘娘回宫了。"随后，高力士、裴力士齐声说道："天不早啦，请娘娘回宫吧。"杨贵妃说道："摆驾。"高力士、裴力士应道："是。"杨贵妃唱道："去也，去也，回宫去也。恼恨李三郎，竟自将奴撇，撇得奴挨长夜。"唱罢，又说道："回宫。"高力士、裴力士应道："领旨。"杨贵妃接着唱道："只落得冷冷清清回宫去也。"她双手搭袖，扶着两个宫女，一脸惆怅、自怜的模样，左、右各三步，左、右各一步地在众宫女和裴力士、高力士跟随下，走着醉步下了场。

《贵妃醉酒》这部戏之所以成为梅派名剧中又一传世经典，除了在唱腔、歌舞、服装和表演等方面的创新之外，恐怕正如许姬传和朱家溍所说，就在于"继承了过去名演员的优秀成果，删掉了过去表演中不健康的部分"，净化了舞台，丰富了人物的思想感情。由此，使人们所熟悉的杨贵妃这一人物形象得到完美的塑造，也使《贵妃醉酒》这出传统歌舞剧的表演自然达到一个新的高峰。23 幅《贵妃醉酒》的老照片，亦为梅兰芳塑造的这一封建时代宫廷中妇女生活的写照，留下了难得

第 205 幅：经放大的《贵妃醉酒》第 2 场中高力士对杨贵妃说"哦，您让我去到西宫，把万岁爷请来，跟您一块儿饮酒，是不是"剧照。

第 206 幅：经放大的《贵妃醉酒》第 2 场中高力士对裴力士说"您可应着我了，照样三锅贴"，裴力士抿嘴偷乐剧照。这幅被选作宣传用剧照。

的"醉影"。

老照片中饰演裴力士的姜妙香前面已有所述，不再赘言。饰演高力士的萧长华（1878—1967），出生于北京的一个梨园世家，是中国著名京剧丑行表演艺术家、卓越的戏曲教育家。他11岁时投师于菊坛名宿徐文波门下，12岁即出台演娃娃生，15岁后专工丑行，18岁拜名丑宋万泰为师；此后，成为继清末名丑黄三雄、杨鸣玉、刘赶三之后，京剧界又一位承前启后的名丑，被誉为丑戏万派之源的丑行宗师。萧长华在1922年始搭梅兰芳自己独立组织的剧团承华社，与梅兰芳成为长期的合作伙伴。梅兰芳所演《女起解》、《贵妃醉酒》、《霸王别姬》等剧中，主要丑角都由萧长华扮演。1953年9月下旬，萧长华曾与梅兰芳、程砚秋、尚小云等京剧名家一同前往朝鲜慰问演出。新中国成立后，萧长华最早应聘到中国戏曲学校任教，先后担任过教授、副校长、校长职务。1967年，萧长华病逝享年89岁。

这里需要补充说的是，在上述5出戏162幅老照片的"解说"中，大量地引用了许姬传和朱家溍专为解说影片《梅兰芳的舞台艺术》《洛神》所著《梅兰芳的舞台艺术》一书的记述。之所以如此，不是单纯地为了介绍剧情，而是通过对梅兰芳舞台艺术有着深刻了解和认识的专家的解说，来具体了解这每一幅老照片的剧情背景，从而更清楚、更准确地欣赏和理解当年拍下的这些梅兰芳舞台艺术瞬间的美好与珍贵。而许姬传和朱家溍的解说与评价均来自他们亲身的经历，是最为准确和最令人信服的，正如他们所说："本书介绍梅先生所演的《断桥》、《宇宙锋》、《洛神》、《贵妃醉酒》、《霸王别姬》五出戏。这五出戏的表演记录，是梅先生平日演出时，我们在台下观众席中或台上侧幕内长时期观摩所得，和拍摄电影时的笔记配合起来第 207 幅：经放大的《贵妃醉酒》第 2 场中杨贵妃唱"只落得冷冷清清回宫去也",双手搭袖,扶着两个宫女,与众人下场剧照之局部。

写成的。初稿完成后先请梅先生审定,其中表情身段部分比较繁复的地方,由梅先生详细解说并且亲自做给我们看,我们当面记下来,再进行整理的。"如此,他们的"说戏"与今人的"戏说"是截然不同的。

　　另外，许姬传、朱家溍两位老先生都与梅兰芳有着深厚的交谊，对梅兰芳的生平生活及其戏曲艺术，都有着非常深厚的切身体会和深刻的见解。许姬传先后于 1952 年和 1954 年根据梅兰芳口述，相继编辑、整理由平明出版社出版的《舞台生活

朱家溍为笔者题写的"敏
求斋"斋名。

四十年》第一和第二两集，成为红极一时的畅销书。第三集的
写作则始于1958年，后因"文化大革命"被搁置，直到1981
年3月才由中国戏剧出版社出版，朱家溍参加了此集的编纂整
理。特别是朱家溍与梅兰芳两家有着长期的交往。朱家溍的父
亲朱翼庵是梅兰芳的良师益友。除此，朱家溍亦是戏剧中人，
有着很深的戏剧"功夫"，他自己上台演出的昆曲、京剧剧目
就有几十出之多。在朱家溍所著《故宫退食录》中，有关戏曲
的文章就有24篇；关于梅兰芳的文章，则有《梅兰芳年谱未
定草》、《梅兰芳与昆曲》、《梅兰芳的歌唱艺术》、《梅兰芳谈戏
剧舞台艺术》4篇。而他与许姬传合著《梅兰芳的舞台艺术》，
以及参与编纂整理梅兰芳的《舞台生活四十年》和拍摄影片《梅
兰芳的舞台艺术》《洛神》，都使人看到朱家溍在戏剧艺术上极
深的造诣和所作的贡献。

　　而且，朱家溍亦是笔者最为敬重的文博大家。朱家溍生
前，曾在古籍文献的收藏与研究上给予笔者极大的教诲和指
引，笔者书房的斋名就是先生赐予和题写的，成为笔者收集文
献、史料的动力。记得1999年先生86岁高龄时，为纪念新中
国成立50周年，在北京排演场演出《满床笏·卸甲封王》，他
饰演郭子仪。笔者曾在现场为先生拍了一幅所扮郭子仪的剧
照，先生很是满意。在2000年世纪之交时，先生将它印制成

笔者所摄 1999 年 10 月为纪念新中国成立 50 周年，在北京排演场演出《满床笏·卸甲封王》时，朱家溍饰演郭子仪的剧照。

贺年卡，赠送给了亲朋好友。这幅剧照已成为笔者对先生永久的纪念。对于对戏曲艺术不甚了解的笔者来说，先生留下的文字是最令人信服的史实。由此，怀着对朱家溍先生的深深尊崇与谢意——因为读者可以见到大家当年是怎样"说戏"的，来欣赏这些难得的关于梅兰芳舞台艺术的老照片，去探寻梅兰芳舞台艺术与生平生活不平凡的轨迹，来敬重这位伟大的人民艺术家，从而使京剧艺术这一国粹真正得到发扬光大，这也是这些老照片所留下的"解说"。

第 三 章

影片《梅兰芳的舞台艺术》和《洛神》
拍摄工作照

上述 207 幅老照片，分别记述了梅兰芳的家庭、名师和生平生活，以及《思凡》、《黛玉葬花》、《木兰从军》、《生死恨》、《抗金兵》等名剧佳作和舞台生活 50 年纪念会的情形，也记述了梅兰芳的《断桥》、《宇宙锋》、《霸王别姬》、《洛神》、《贵妃醉酒》这 5 出代表性剧作的精彩画面。这些构成了影片《梅兰芳的舞台艺术》和《洛神》的主体内容，亦是纪念梅兰芳从事舞台艺术生活 50 年主要活动的内容之一，而被完整地保存了下来。除此之外的 61 幅照片，则对影片《梅兰芳的舞台艺术》和《洛神》拍摄期间导演、演员、职员、苏联专家们的工作状况，5 出剧目的拍摄情景，文化部门有关领导、文化名人、院校学生、社会团体以及国际友人来剧组"探班"，以及欢送苏联专家回国等活动情况作了形象而翔实的记录。比如，影片开拍前，导演吴祖光、副导演岑范与梅兰芳、姜妙香等人一起研究拍摄问题照，影片拍摄前梅兰芳着便装来北京电影制片厂照，梅兰芳拍《宇宙锋》时的化装照及各类职员的工作照，拍摄梅兰芳生平和《洛神》、《贵妃醉酒》等戏的剧照，苏联、印度、保加利亚、日本等国文化界人士来摄制现场访问照，国画大师齐白石来北京电影制片厂参观照，以及文化部夏衍副部长等领导在影片拍摄完成后表示祝贺，并与《贵妃醉酒》的演员合影照，吴祖光、岑范与苏联专家在北海公园游玩时的合影照等等，都给影片《梅兰芳的舞台艺术》和《洛神》的拍摄活动留下了非常宝贵的珍稀镜头，展现了以往鲜为人知的诸多细节和花絮，为梅兰芳的舞台艺术，也为中国戏剧电影史，留下了十分宝贵的微观史料。

这 61 幅老照片均为原作黑白照片。其中，1 寸的 9 幅，2 寸的 25 幅，3 寸的 6 幅，4 寸的 1 幅，6 寸的 20 幅；第 215—B 幅"名胡琴手王少卿"和第 261 幅"《(贵妃) 醉酒》中三位主要演员与吴（祖光）导演合影"缺失（引号内文字为原说明文字）。

（一）影片拍摄前，梅兰芳、吴祖光的工作照及梅兰芳的便装照 3 幅

1. 在梅兰芳家研究电影拍摄问题时的照片：第 208、209 幅，共 2 幅

第 208、209 幅，原大的 2 幅 2 寸黑白照：电影《梅兰芳的舞台艺术》开拍前，导演和主要演员在梅兰芳家的客厅研究拍摄问题。由左至右依次为：副导演芩范、导演吴祖光、梅兰芳、姜妙香。拍摄时间为 1955 年 2 月 6 日。照片中，客厅的墙上悬挂着毛泽东的画像；暖气罩上摆着两盆兰花；坐在沙发上的 4 人，吴祖光正与梅兰芳交谈，姜妙香在聆听，芩范似乎在记录着什么。

经放大的第208幅照片局部。

2. 梅兰芳乘车来到北京电影制片厂化装前的便装照：第 210 幅，共 1 幅

经放大的第 210 幅照片局部

第 210 幅，原大的 2 寸黑白照：梅兰芳着便装，乘车来到北京电影制片厂。照片中的梅兰芳头戴帽子，身穿深色呢子大衣，围着围巾，手扶开着的车门，略带微笑，留下了"化装前的便装照"。

（二）拍摄《宇宙锋》时的工作照及纪念照 18 幅

　　第 211 幅，原大的 2 寸黑白照：梅兰芳在《宇宙锋》中扮演赵女，这是梅兰芳在化装的情景。照片中的梅兰芳已基本化装完毕，正对着镜子审视。化装间的桌子、照明灯等略显简陋，化装品似乎也只是那么几种，但镜子里已过花甲之年的"赵女"，扮相还是那么的俏丽。

经放大的第 211 幅照片局部。

经放大的第212幅照片。
照片中，右三坐者为苏联摄影
专家雅可福列夫，右五为手拿
指挥话筒的导演吴祖光，右六
为副导演芩范。其余为摄影、
场记等人员。

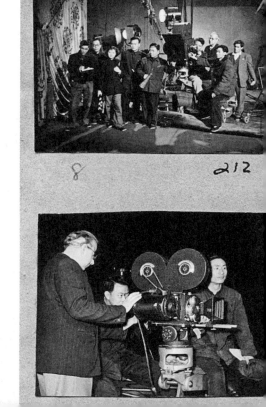

第212、213幅，原大的2幅2寸黑白照。第212幅：导演吴
祖光、副导演芩范和苏联摄影专家雅可福列夫指导拍摄《宇宙锋》
《修本》一场的工作情况。第213幅："苏联摄影专家雅可福列夫同
志在指导摄影工作"。

214

215—A

第三章　影片《梅兰芳的舞台艺术》和《洛神》拍摄工作照

第214、215—A幅，原大的2幅2寸黑白照。第214幅："苏联录音专家戈尔登同志在指导先期录音工作"。据许姬传和朱家溍记述，影片《梅兰芳的舞台艺术》的录音是先期进行的。第215—A幅："京剧场面"，即为《宇宙锋》的伴奏人员。遗憾的是，下一幅第215—B幅"名胡琴手王少卿"缺失。

经放大的第215—A幅照片。照片中，8名伴奏人员各持胡琴等乐器。右一即为自1923年与梅兰芳的承华社排演新戏《西施》时，第一次在京胡之外加一把二胡，被誉为"二胡圣手"的王少卿。

经放大的第 217 幅照片。照片中，苏联摄影专家雅可福列夫在"指挥打光"。

第 216 幅，原大的 2 寸黑白照：苏联摄影专家雅可福列夫向梅兰芳讲解"打光"问题。

第 217 幅，原大的 2 寸黑白照：苏联摄影专家雅可福列夫在"指挥"，即为梅兰芳所饰赵女、刘连荣所饰赵高、张蝶芬所饰哑奴"打光"。

经放大的第218幅照片。
照片中,为正在进行《宇宙锋》
第1场《修本》全景拍摄的情景。
所用摄影设备在当时均属先进。

第218幅,原大的2寸黑
白照:"正在拍摄中的《宇宙锋》
第一场'修本'全景的情景"。

经放大的第 219 幅照片。照片中的漆工正在一丝不苟地为"金殿"的立柱上漆,一见当年的美工师傅是如何工作的。

第 219—221 幅,原大的 3 幅 1 寸黑白照。第 219 幅:"装置工人、漆工正在绘制'金殿景之立柱'"。第 220 幅:"吴祖光导演和梅先生在研究拍摄镜头的内容"。第 221 幅:"苏联专家在为梅先生'打光'"。

经放大的第 221 幅照片。照片中,苏联专家正为梅兰芳"打光"。站在中间注视着"苏联老大哥"的,是副导演岑范。

　　经放大的第 220 幅照片。照片中，导演吴祖光伸出一个手指头，正与梅兰芳说着影片中拍摄的某个方面的建议或者问题。

　　第 222、223 幅，原大的 2 幅 2 寸黑白照。第 222 幅：拍摄《宇宙锋》第 1 场《修本》时，整个拍摄工作的全景。第 223 幅："升起摄影机俯摄《宇宙锋》'金殿'全景的最后一个镜头"。

　　经放大的第222幅照片。
照片中，拍摄《宇宙锋》《修本》
一场时，演员、乐队、摄影、
灯光等各类演职员及设备同时
在摄影棚。

　　经放大的第223幅照片。
照片中，升起摄影机俯摄《宇
宙锋》《金殿》一场秦二世"退班"
时最后一个镜头的全景。从照
片可见，金殿立柱是用绳子吊
着的彩绘的空筒子。

第 227、228 幅，原大的 2 幅 6 寸黑白照。它们为《宇宙锋》开拍时，梅兰芳与全体演职员的纪念照。

经放大的第 227 幅照片，为《宇宙锋》开拍时，全体演职员的合影纪念照。坐在中间椅子上的，自左四向右依次为：秦二世扮演者姜妙香、导演吴祖光、苏联摄影专家雅可福列夫、赵女扮演者梅兰芳、苏联录音专家戈尔登、副导演苓范、赵高扮演者刘连荣、哑奴扮演者张蝶芬。余者有待辨认。

经放大的第 228 幅照片。除中间椅子上坐者外，其余站立者及坐者均有不同变化，有待辨认。

第 229—231 幅，原大的 2 幅 1 寸黑白照、1 幅 4 寸黑白照，为《宇宙锋》拍摄完成后的纪念照。第 229 幅："岑范、梅兰芳、刘连荣、吴祖光的纪念照片"。第 230 幅："梅兰芳、雅可福列夫、刘连荣的合影纪念照"。第 231 幅："岑范、梅兰芳、雅可福列夫、刘连荣、吴祖光的合影纪念照"。

经放大的第 230 幅照片。自左起，分别为梅兰芳（着赵女装）、苏联摄影专家雅可福列夫、刘连荣（着赵高装）。

经放大的第 229 幅照片。自左起，分别为副导演岑范、梅兰芳（着赵女装）、刘连荣（着赵高装）、导演吴祖光。

经放大的第 231 幅照片。自左起，分别为副导演芩范、梅兰芳（着赵女装）、苏联摄影专家雅可福列夫、刘连荣（着赵高装）、导演吴祖光。

（三）拍摄梅兰芳生活、生平、剧作时的工作照 3 幅

第 224 幅，原大的 2 寸黑白照：摄制组拍摄梅兰芳"生活生平"中的"得意杰作"之一《生死恨》，梅兰芳饰演韩玉娘。

第225幅，原大的2寸黑白照：摄制组在拍摄梅兰芳代表作《洛神》中洛神腾空驾云的特技镜头时，3台摄像机同时工作。

经放大的第224幅照片。照片中，4名中国摄影人员在苏联摄影专家雅可福列夫指导下进行拍摄，其中1名摄影人员卧在摄影机前操作设备。

经放大的第225幅照片。照片中，7名中国摄影人员正在拍摄梅兰芳所饰洛神腾云驾雾的特技镜头。这在中国戏剧电影拍摄史上是一个创新。

第 226 幅，原大的 6 寸黑白照：摄制组拍摄梅兰芳代表作《洛神》中洛神在山巅之上的镜头。

经放大的第 226 幅照片。照片中展现的场景，无论灯光、布景、设备、人员，都是当时拍摄戏曲片所能达到的最好条件和最高水平。

（四）影片拍摄期间，接待中外来访人员时的合影照 25 幅

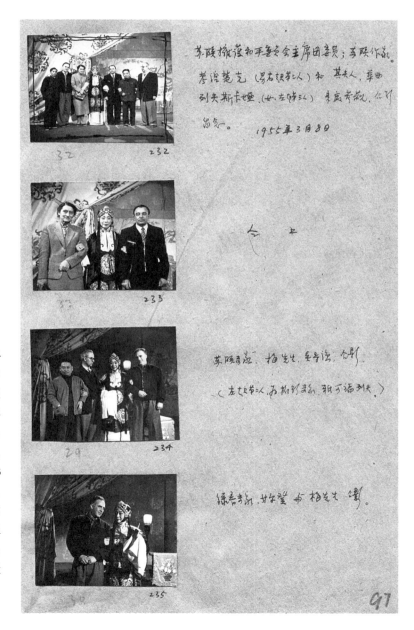

第 232—235 幅，原大的 4 幅 2 寸黑白照：接待苏联拥护和平委员会主席团委员、作家考涅楚克夫妇来北京电影制作厂参观后的合影留念照。第 232 幅：梅兰芳与考涅楚克夫妇、吴祖光、雅可福列夫等人的合影。第 233 幅：梅兰芳与考涅楚克夫妇的合影。第 234 幅：梅兰芳与吴祖光及苏联摄影专家雅可福列夫、苏联录音专家戈尔登的合影。第 235 幅：梅兰芳与戈尔登的合影。以上均摄于 1955 年 3 月 8 日。

经放大的第232幅照片。
从右至左，依次为：雅可福列夫、吴祖光、考涅楚克、梅兰芳、考涅楚克夫人、戈尔登。左一为何人待查。

经放大的第233幅照片：梅兰芳与考涅楚克夫妇的合影。

经放大的第 235 幅照片：梅兰芳与苏联录音专家戈尔登的合影。不知这位录音专家是否也犯了摄影专家的"毛病"，眼睛虽望着镜头，脸却偏向梅兰芳一边。

经放大的第 234 幅照片。从左至右，依次为：吴祖光、雅可福列夫、梅兰芳、戈尔登。有趣的是，雅可福列夫几乎在每次与梅兰芳合影时，都不是看着镜头，而是看着梅兰芳，这可能是摄影专家的"癖好"。

第236、237幅，原大的2幅6寸黑白照，分别为摄制组的美工、照明人员与苏联专家的合影留念照。第236幅：美工人员与雅可福列夫、戈尔登等人的合影。第237幅：照明人员与雅可福列夫的合影。照片背景为《宇宙锋》中"金殿"的场景。

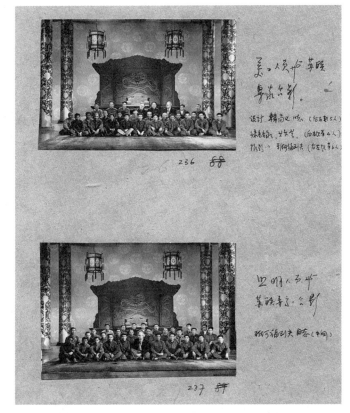

经放大的第237幅照片：照明人员与苏联摄影专家雅可福列夫的合影留念照。照片中，前排中间，坐在地上，仍盯着别人看的，还是雅可福列夫同志。

　　经放大的第236幅照片：美工人员与苏联专家的合影留念照。照片中，后排从右至左第3人为雅可福列夫、第4人为美术设计韩尚义、第5人为戈尔登。其余人员不详，待查。这幅照片里，雅可福列夫的眼睛仍然没有望着镜头，而是望向了韩尚义。看来，这是雅可福列夫作为摄影家的职业习惯，照相时总是习惯盯着别人，看是否对准了镜头，而忘记了自己也在照相。看来，这不仅仅是对着梅兰芳一个人的，上面的解说似乎有点儿冤枉"苏联老大哥"的这位摄影家了。另外，对于这样的集体合影，笔者力求都将它们放大到能够看清照片中每一个人的模样，以使这些"普通"的演职员和普通群众，也能将他们曾经参与这件"大事"的形象永留人间。这些照片已经60多岁了。当初照片上的一些美工，看着已是五六十岁的人；最年轻的如若在世，恐怕也将近90高龄了。我们说不出他们的名字。若是他们或他们的后人、朋友能看见照片中的他们，并且告诉人们他们是谁，想必也是一件非常值得欣慰的事情。

第246幅，原大的6寸黑白照：印度文化代表团团员、全印广播电台主任兼节目指导拉姆·马拉太来北京电影制片厂参观后，与梅兰芳（着白娘子装）、梅葆玖（着青儿装）的合影照。1955年6月7日摄。

经放大的第246幅照片局部：梅兰芳（右）、梅葆玖（左）与印度文化代表团团员、全印广播电台主任兼节目指导拉姆·马拉太的合影。

印度文化代表团团员（全印广播电台主任、董节目指导）拉姆·马拉太、来底参观与梅兰芳、梅葆玖合影. 55.6.7.

248

第 249 幅，原大的 6 寸黑白照：梅兰芳与日本歌舞伎剧团团长市川猿之助，以及中国戏曲学校学生的合影照。1955 年 10 月 12 日摄。

经放大的第 249 幅照片：梅兰芳与日本歌舞伎剧团团长市川猿之助，以及中国戏曲学校学生的合影照。照片中，左五为梅兰芳（着洛神装），左六为市川猿之助。

经放大的第 252 幅照片：梅兰芳、姜妙香与来北京电影制片厂参观的保加利亚文化艺术代表团成员的合影照。左三为梅兰芳（着洛神装），右二为姜妙香（着曹子建装）。

第 252、253 幅，原大的 2 幅 6 寸黑白照：梅兰芳与来北京电影制片厂参观的保加利亚文化艺术代表团成员的合影照。第 252 幅：保加利亚文化艺术代表团成员与梅兰芳（着洛神装）、姜妙香（着曹子建装）的合影照。第 253 幅：保加利亚文化艺术代表团与中央新闻纪录电影制片厂副厂长兼北京电影制片厂副厂长钱筱璋、影片摄制组主要人员的合影照。1955 年 10 月 19 日摄。

经放大的第 253 幅照片：梅兰芳及《洛神》摄制组导演吴祖光、副导演岑范和中央新闻纪录电影制片厂副厂长兼北京电影制片厂副厂长钱筱璋等人，与来厂参观的保加利亚文化艺术代表团成员的合影照。左一为岑范，左三为钱筱璋，左五为梅兰芳，左六应为代表团团长，左八为吴祖光。

经放大的第 242 幅照片。左三为梅兰芳，右一为吴祖光。左一为何人不详。

（注：以上主要是影片《梅兰芳的舞台艺术》和《洛神》拍摄期间，梅兰芳与一些外国来访者的合影。为了区分类别，有些照片就没有完全按照老照片集里的顺序。下面主要是梅兰芳与北京有关人员和单位，以及影片《梅兰芳的舞台艺术》和《洛神》摄制组人员的合影，为了叙述方便，也有一些顺序的不同）

第 240—242 幅，原大的 2 幅 6 寸、1 幅 2 寸黑白照。这 3 幅照片均没有任何文字说明，似应为剧组在拍摄《宇宙锋》时，梅兰芳、吴祖光接待某国某夫妇参观时的合影照。从第 240 幅照片中雅可福列夫参加合影来看，似应为苏联方面的来宾。待查。

第 239 幅，原大的 6 寸黑白照：梅兰芳与来北京电影制片厂参观的中国戏曲研究院演员讲习班成员的合影留念照。照片中，第二排左四坐者为梅兰芳（着赵女装）。其余人员不详。

　　经放大的第 239 幅照片。照片中计有 50 人。岁月荏苒，转眼 60 年过去了，不知还有几人能在其中看见自己。

第238幅，原大的6寸黑白照：拍摄《宇宙锋》时，梅兰芳及演职员，与来北京电影制片厂参观的画家齐白石的合影留念照。

经放大的第238幅照片。照片中，居中、戴帽、穿长衫者为齐白石，其左首站立者为梅兰芳（着赵女装）。

第 243—245 幅，原大的 3 幅 2 寸黑白照：梅兰芳等人与来北京电影制片厂参观的国画大师齐白石的合影照。第 243 幅：梅兰芳与齐白石 2 人的合影照。第 244 幅：梅兰芳、苏联专家雅可福列夫与齐白石 3 人的合影照。第 245 幅：梅兰芳(着赵女装)、刘连荣(着赵高装)、姜妙香(着秦二世装) 与齐白石 4 人的合影照。

经放大的第 244 幅照片：齐白石与梅兰芳、雅可福列夫在《宇宙锋》拍摄现场的合影照。前排左一为齐白石，左二为梅兰芳，左三为雅可福列夫。

〈宇宙锋〉
齐白石先生 来厂参观，梅兰芳等在〈宇宙锋〉拍片现场工作。

243

齐白石 梅先生 雅可福夫 合影

244

右起弟一人 姜妙香 (秦二世)
" 二人 齐白石
" 三人 梅先生 (赵女)
" 四人 刘连荣 (赵高)

245

经放大的第 243 幅照片:梅兰芳与齐白石的合影照。这是一幅非常难得的两位大师的合影。照片中,梅兰芳身着《宇宙锋》《金殿》一场的赵女装。齐白石头戴帽子,身穿黑色长衫。二人双手紧握,面带微笑。是年,齐白石已是 91 岁高龄(1864 年 1 月 1 日出生);梅兰芳亦年过花甲,六十有一(1894 年 10 月 22 日出生)。至此,中国的一位国画大师和一位戏剧大师自 1915 年开始的亦师亦友的交往,已过去了整整 40 年。两年之后的 1957 年 9 月 16 日,齐白石仙逝。1961 年 8 月 8 日,梅兰芳亦驾鹤西去。然而,他们所创造的一切美好都永远地留在了人间。

　　经放大的第 245 幅照片：齐白石与梅兰芳、姜妙香、刘连荣在《宇宙锋》拍摄现场的合影照。左一为
姜妙香（着秦二世装），左二为齐白石，左三为梅兰芳（着赵女装），左四为刘连荣（着赵高装）。

　　第 248 幅，原大的 6 寸黑白照：梅兰芳与文化部电影局总顾问、苏联电影专家茹拉夫廖夫在《霸王别姬》拍摄现场的合影照。左为梅兰芳（着虞姬装），右为茹拉夫廖夫。

　　第 250 幅，原大的 6 寸黑白照：中国戏曲学校的学生与苏联摄影专家雅可福列夫的合影留念照。中间为雅可福列夫。1955 年 10 月摄。

　　第 251 幅，原大的 6 寸黑白照：中国戏曲学校的学生与电影《梅兰芳的舞台艺术》摄制组的导演、摄影人员的合影留念照。后排右四为导演吴祖光，右七为雅可福列夫，右七为副导演芩范。其余人员不详。1955 年 10 月摄。

　　经放大的第 251 幅照片：中国戏曲学校的学生与电影《梅兰芳的舞台艺术》摄制组的导演、摄影人员的合影留念照。

　　第 247 幅，原大的 3 寸黑白照：在北京景山公园拍摄《梅兰芳的舞台艺术》外景时，摄制人员与北京八一小学的少先队员们的合影照。

经放大的第 247 幅照片：在北京景山公园拍摄《梅兰芳的舞台艺术》外景时，摄制人员与北京八一小学的少先队员们的合影照。

经放大的第 247 幅照片：在北京景山公园拍摄《梅兰芳的舞台艺术》外景时，摄制人员与北京八一小学的少先队员们的合影照。照片里在后排站立的成人中，自右至左可见副导演芩范、导演吴祖光、苏联摄影专家雅可福列夫等人。那些可爱的少先队员，今天也该是七八十岁的老人了。

第256—258幅，原大的2幅2寸、1幅6寸黑白照：梅兰芳分别与来北京电影制片厂参观的北京电影学校人员、苏联导演专家，以及苏联的比良庚等人的合影照。第256幅：梅兰芳与苏联导演专家、影片《攻克柏林》执行导演伊万诺夫等人的合影照。第257幅：梅兰芳与苏联的比良庚等人的合影照。第258幅所记"同上"（同第257幅），似乎有误，具体情形不详。

经放大的第256幅照片：梅兰芳拍摄《贵妃醉酒》时与北京电影学校人员，以及苏联影片《攻克柏林》执行导演伊万诺夫等人的合影照。照片中，站立者第一排左五为梅兰芳，左六为伊万诺夫，左三为吴祖光。最后一排左二为雅可福列夫。其余人员不详。

　　经放大的第 258 幅照片：梅兰芳拍摄《洛神》时，接待来访者并与他们的合影照。照片中，梅兰芳（着洛神装）站在中间。来者何人不详，陪同人员亦是不少，包括两名军人。导演吴祖光、副导演芩范、雅可福列夫以及姜妙香（着曹子建装）均在其中。

经放大的第 257 幅照片：梅兰芳拍摄《贵妃醉酒》时，与来北京电影制片厂参观的苏联的比良庚等人的合影照。"比良庚"为何许人不详。照片中，站立者第一排左二为萧长华（着高力士装），左三为雅可福列夫，左四为梅兰芳（着杨贵妃装），左五为比良庚，左六为吴祖光夫人、著名评剧艺术家新凤霞；站立者第二排右二为姜妙香（着装力士装），左二为副导演芩范。导演吴祖光则与 8 名宫女一起，蹲在了前排的最右边，可见他随和的个性。其余站立者不详。

（五）影片拍摄完成时的合影留念照 8 幅

第 254、255 幅，原大的 2 幅 6 寸黑白照：《洛神》摄制完成时，全体演职员合影留念。第 254 幅：梅兰芳、吴祖光与全体演职员的合影照。第 255 幅：梅兰芳、姜妙香、雅可福列夫与演员们的合影照。

经放大的第 254 幅照片：《洛神》拍摄完成时，全体演职员的合影照。梅兰芳（着洛神装）站立中间，他身后为姜妙香（着曹子建装），他的左首为导演吴祖光及雅可福列夫。副导演岑范，则高高地站在倒数第二排的最右边。

　　经放大的第 255 幅照片：《洛神》拍摄完成时，梅兰芳（第二排左三）、姜妙香（第二排左五）、雅可福列夫（第二排左四）和全体演员的合影照。

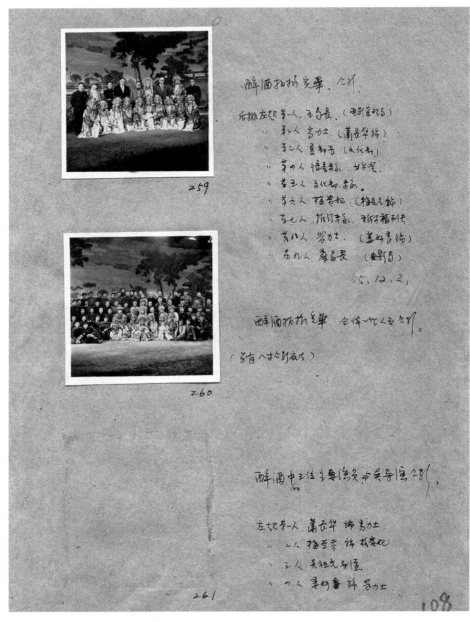

　　第259—261幅，原大的3幅3寸黑白照：《贵妃醉酒》摄制完毕，文化部及电影事业管理局领导同全体演职员的合影留念照。第259幅：文化部副部长夏衍等领导与梅兰芳及全体演员的合影照。第260幅：《贵妃醉酒》全体工作人员的合影照。261幅：《贵妃醉酒》3位主要演员梅兰芳、萧长华、姜妙香和导演吴祖光的合影照，已缺失。1955年12月2日摄。

　　经放大的第 259 幅照片：《贵妃醉酒》拍摄完成后，文化部副部长夏衍等领导与梅兰芳及全体演员的合影照。照片中，后排左起依次为：文化部电影事业管理局副局长王政新，萧长华（着高力士装），文化部副部长夏衍，苏联录音专家戈尔登，文化部苏联专家，梅兰芳（着杨贵妃装），苏联摄影专家雅可福列夫，姜妙香（着裴力士装），文化部电影事业管理局副局长蔡楚生。

　　经放大的第 260 幅照片：《贵妃醉酒》拍摄完成后，全体工作人员的合影照。梅兰芳、姜妙香、萧长华等主要演员和导演吴祖光、副导演芩范、雅可福列夫、戈尔登等人，与全组 60 余人合影留念。这也是老照片集里，雅可福列夫唯一一幅眼睛看着镜头的照片。

第 262 幅，原大的 3 寸黑白照：梅兰芳与副导演芩范的合影。

经放大的第 262 幅照片：梅兰芳与副导演芩范的合影。照片中，芩范这位当时年仅 29 岁，在此之前曾于影片《春之梦》、《清官秘史》、《琼楼恨》、《狂风之夜》中担任过编剧、副导演或扮演角色的年轻人面带微笑。他与梅兰芳在合作中建立了友谊；而在以后的导演生涯中，又导演了《群英会》、《林则徐》、《红楼梦》、《阿Q正传》等等，成为中国最著名的电影导演之一。2008 年 1 月 23 日，芩范因病去世，享年 82 岁。

第263幅,原大的3寸黑白照:吴祖光、芩范与雅可福列夫、戈尔登一起游览北京北海公园时的合影。

经放大的第263幅照片:吴祖光、芩范与雅可福列夫、戈尔登一起游览北京北海公园时留影的局部。至此,将结束他们在影片《梅兰芳的舞台艺术》拍摄过程中友好而富有成效的合作。

　　第 264 幅，原大的 6 寸黑白照：文化部副部长夏衍在《贵妃醉酒》拍摄最后一个镜头时，来北京电影制片厂祝贺提前胜利完成拍摄任务，并与主要演员和导演等人合影留念。

　　经放大的第 264 幅照片：文化部副部长夏衍在《贵妃醉酒》拍摄最后一个镜头时，来北京电影制片厂祝贺提前胜利完成拍摄任务，并与主要演员和导演等人合影留念。照片中，站立者自左至右依次为：文化部电影事业管理局副局长蔡楚生，萧长华（着高力士装），导演吴祖光，文化部电影事业管理局副局长王政新，苏联录音专家戈尔登，文化部副部长夏衍，梅兰芳（着杨贵妃装），文化部苏联专家，苏联摄影专家雅可福列夫，姜妙香（着裴力士装）。前排下蹲者中，右二为副导演岑范，左二为中央新闻纪录电影制片厂副厂长兼北京电影制片厂副厂长钱筱璋。

（六）欢送苏联专家回国时的合影留念照 4 幅

第 265—268 幅，原大的 4 幅 1 寸黑白照：电影《梅兰芳的舞台艺术》摄制组工作人员及梅兰芳和北京电影学校的苏联专家，欢送苏联专家回国时的合影照。第 265、266 幅：电影《梅兰芳的舞台艺术》摄制组工作人员欢送苏联专家回国时的合影照。第 267、268 幅：北京电影学校的苏联专家和梅兰芳欢送苏联专家回国时的合影照。1955 年 12 月摄。

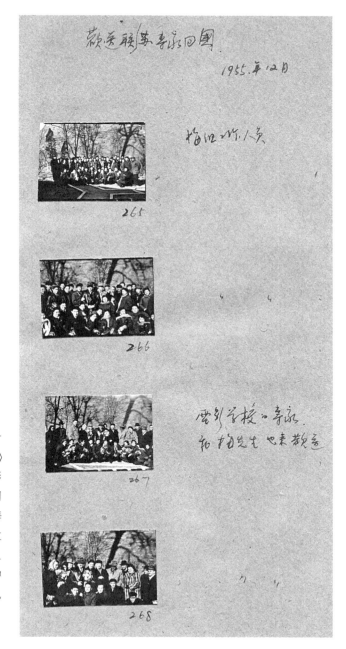

经放大的第 265 幅照片：电影《梅兰芳的舞台艺术》摄制组工作人员欢送苏联专家雅可列夫和戈尔登回国时的合影照之一。

经放大的第 266 幅照片：电影《梅兰芳的舞台艺术》摄制组工作人员欢送苏联专家雅可福列夫和戈尔登回国时的合影照之二。照片中，雅可福列夫又继续把眼睛望向了身边的人。导演吴祖光依然蹲在了前排人员的右边。

　　经放大的第 267 幅照片：梅兰芳和北京电影学校的苏联专家，一起来欢送雅可福列夫和戈尔登回国时的合影照之一。头戴呢帽、身穿呢子大衣的梅兰芳（后排右六）笑得很灿烂，是所有这些老照片中笑得最好看的。后排右一为副导演岑范。

　　经放大的第 268 幅照片：梅兰芳和北京电影学校的苏联专家，一起来欢送雅可福列夫和戈尔登回国的合影照之二。照片中的每一个人似乎都带着笑容。不论后来中苏之间都发生了什么，当年苏联曾经给予中国的各方面援助和最为亲密的"老大哥"与"小兄弟"关系，在这些老照片中都得到了见证。

结 束 语

　　这就是268幅老照片所记述的"梅兰芳的故事"，虽然已经过去整整60年之久，但它们丝毫不显得陈旧，相反，更加新奇，更加令人追思与向往。这268幅老照片，无论是对梅兰芳生活生平的记述，还是对梅派舞台艺术的展现，还是导演吴祖光的拍摄活动，都是伟大的中国京剧艺术和中国戏剧电影的生动记录，都为中国文化艺术书写了光辉灿烂的一页，留下了宝贵的精神财富。

　　1961年8月8日，梅兰芳病逝，享年67岁。次年，1962年，为纪念梅兰芳逝世1周年，中央新闻纪录电影制片厂专门拍摄了纪录片《梅兰芳》，以郭沫若朗诵《咏梅二绝·怀梅兰芳同志》开始，再次重现了梅兰芳在艺术上取得的伟大成就。同年3月7日，著名作家、戏剧评论家何为在《人民日报》发表了一个整版的《梅兰芳的歌唱艺术》一文，对梅兰芳歌唱艺术的几个不同发展阶段、梅兰芳歌唱艺术的特色及其创作成就和历史影响，都作了全面的分析和论述：在其发展的3个时期中，"都十分微妙地渗透着前辈诸家的各种影响"，"兼容了前辈各家的优点"。早期，年轻的梅兰芳就已在艺术生活中酝酿一种笔者所藏 1962 年 3 月 7 日刊登何为文章的《人民日报》。

革新的思想，开始了创造性的尝试——编演新的剧目，《嫦娥奔月》和《天女散花》就是最初出现的两部新编古装戏，并"由此成为其由早期走向中期的一个转折点"。从 20 世纪 20 年代到抗战前，梅兰芳在艺术创造力最为旺盛的中期，积累了丰富的实践经验，艺术上日益成熟，编演了数量极为众多的古装新戏，如《霸王别姬》、《西施》、《抗金兵》、《生死恨》等等；并编演了许多时装戏，如《孽海波澜》、《一缕麻》、《邓霞姑》等；对一些传统的唱功戏，如《凤还巢》、《三娘教子》等进行了重

新创作、加工；此外，对旦角的做工、舞蹈、身段、唱腔、演唱、乐队伴奏等都有很多创造性的尝试，"赋予了新的面貌"，而成为具有代表性的梅派艺术了。从抗战胜利后，特别是新中国成立以后到逝世的晚期，梅兰芳不再像中期那样大量地创作编演新剧目、新唱腔，上演的剧目也明显减少，而经常演的只是少数最拿手、最具代表性的传统剧目，如《宇宙锋》、《贵妃醉酒》等。他虽然也编演过新剧目，如《穆桂英挂帅》，但这是仅有的一部。梅兰芳的艺术风格，亦由色彩浓艳逐渐走向清淡。演唱上，声音更为圆润自然，唱腔更为朴素平易，因而"表现力更深厚了，更富有深刻的内在的力量"。总之，梅兰芳的艺术创造有着不可磨灭的历史贡献。他使京剧旦角这一行当获得了新的发展，"把旦角的表演和歌唱艺术推进到一个新的时期，并且使整个京剧艺术的发展在面貌上发生了深刻的变化"。在旦角唱腔上的多样化，则"丰富了曲调色彩的变化，从而创造了一种特有的情调气氛"。特别是在演唱上的成就，达到了这一时期戏曲演唱的高峰。梅兰芳演唱艺术的成就，在于"体现了京剧、昆曲、地方戏、曲艺等各种歌唱艺术的创造精华"和"新的欣赏趣味"。

在肯定梅兰芳艺术革新成就的同时，何为在这篇文章中特别提到："不能忽视那些曾经长期和他在一起工作过的人们"，他们是这些艺术革新的参与者，同样也有很大的贡献，如王瑶卿以及与梅兰芳"长期合作的琴师徐兰沅、王少卿，在他的唱腔创造上更是不可缺少的人物"。只是，何为在这里"历史"地"忘记"了一个人，这就是曾与梅兰芳合作 20 年之久、当时在台湾的齐如山。齐如山（1875—1962），早年留学欧洲，曾涉猎外国戏剧，归国后致力于戏曲工作。齐如山与梅兰芳谊兼师友，从 1912 年便开始了与梅兰芳长达 20 余年的合作。其笔者所藏民国时期胜利公司出品的梅兰芳《廉锦枫》唱片的唱词单。

间，齐如山先后为梅兰芳编写了第一出时装现代戏《一缕麻》和以旦角为主的新戏，如《嫦娥奔月》、《黛玉葬花》、《霸王别姬》等 26 部；后来，又专门把古代辞赋中描写的舞蹈动作找出来，编成身段，教授给梅兰芳。齐如山为梅兰芳创建独树一帜的梅派艺术打下了牢固的基础，作出了不可磨灭的贡献。在笔者所藏民国时期梅兰芳的《宇宙锋》等5出戏唱片的唱词单。

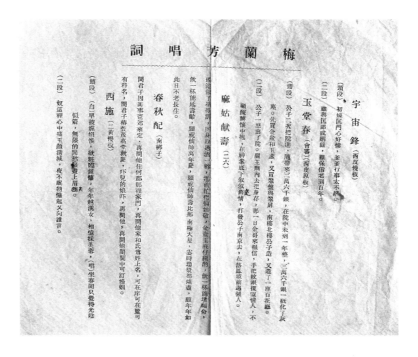

他的倡议、奔走下，20世纪二三十年代，梅兰芳几次出访日本、美国及欧洲，使中国京剧得以弘扬海外。梅兰芳和齐如山二人如同鸟之两翼，缺一不可。齐如山为梅派艺术从形成走向成熟竭尽心智，可谓功不可没。没有齐如山中途的介入，就不会有名满海内外的"伶界大王"梅兰芳；同样，没有梅兰芳全力的配合，齐如山也不会有如此深入地研究京剧艺术的机缘，成为一代戏剧大家。1933年，因种种原因，梅兰芳举家南迁上海，齐如山则留在了北平。齐如山和梅兰芳长达20余年的合作就此黯然结束。1947年，齐如山在上海和梅兰芳见了最后一面，不久又从北平去了香港；1949年，取道香港到了台湾；1962年，即梅兰芳病逝的次年，长眠于台湾，享年87岁。齐如山著作等身，尤其在台湾撰写的最后一部著作《国剧艺术汇考》是其毕生研究京剧的结晶，具有很高的学术价值。齐如山在1961年夏天听到梅兰芳逝世的消息之后，以86岁高龄连夜伏案写下长文《我所认识的梅兰芳》人们从字里行间，可得以感受到他对梅兰芳的深深怀念。齐如山还是一位历史学家，特别是一位近代北京社会掌故的宗匠。他所著《北平三百六十行》、《故都琐述》、《北平零食》、《北京土话》等，都是研究老北京历史难得的史料。晚年所写《齐如山回忆录》更是内容丰富、文字朴实，读来亲切感人。

所有这些评价和故事，是否可以从这268幅老照片中找到它们的踪迹呢？答案是肯定的。同纪录片《梅兰芳的舞台艺术》、《洛神》与何为的文章一样，这些反映梅兰芳舞台艺术及影片拍摄情况的老照片，同样"富有深刻的内在的力量"。它们真实记录和见证了梅兰芳50年艺术生活的历史，展现了梅兰芳艺术杰作的风采及其贡献，同时也为戏剧电影《梅兰芳的舞台艺术》和《洛神》的拍摄打下了深深的印记，为梅兰芳的戏剧艺术人生、中国电影发展史、中国摄影史以及中苏文化交流史，都留下了一份十分珍贵的史料。

最后，要特别感谢当年拍摄、整理、留存这份"档案"的人们为此所做的一切。更为重要的是，继承梅兰芳的舞台艺术精神，把京剧艺术这一国粹切实发扬光大，才是这些从"废品"中捡回来的老照片所要告诉人们的最为急迫、最要干好的一件大事情。而这一切都有赖于青年人，首先有赖于年轻的"京剧人"，正如当年纪念会上梅兰芳寄语青年戏曲工作者时所说的那样："热爱你的工作，老老实实地从事学习，努力艺术实践，不断地劳动，不断地锻炼，不断地创造；不断地虚心接受群众意见，严格进行自我批评；为着人民，为着祖国灿烂美好的未来，贡献出我们的一切！"这既应成为青年戏曲工作者的责任，亦应成为全民族的共识和行动。否则，京剧将永远只是极少一部分票友的"自娱自乐"而已，远不及大妈们的"广场舞"来得"热烈与疯狂"。这就是这些老照片所要表达的。希望读者能喜欢这些老照片，喜欢梅兰芳，喜欢中国京剧艺术。这也就是笔者编著此书的初衷和愿望。

后　记

首先，衷心感谢老友吴欢先生为本书欣然作序、题词并题写书名，以及提出很好的建议。

这里也要特别感谢梅葆玖先生。原约定今年4月1日，先生要为本书题词，并初拟定为"岁月荏苒六十载，大师风采依旧；光阴似箭又百年，影像留真如初"两句，以颂扬和纪念梅兰芳、吴祖光两位先生为后人留下的宝贵文化遗产。谁知梅葆玖先生3月31日因突发支气管痉挛，导致脑缺氧深度昏迷，送北京协和医院抢救无效，于4月25日上午11时病逝。凝望着老照片集里19幅60年前先生与其父梅兰芳同台演出《断桥》时留下的不可多得的经典画面，以及共同接待"探班"友人的不可重现的历史瞬间，我由衷地感慨梅派艺术书写的华美篇章及其继往开来和今世来生。值此祭奠梅葆玖先生之际，诚挚感谢先生，并祈愿先生一路走好！也愿这部老照片集能伴随先生身后，为悼念先生，更为梅派舞台艺术后继有人、实现先生"梅韵玖传"的心愿作一个纪念。

同样，还要感谢曹阳文先生和徐芳珍女士为本书付出的辛勤劳动、给予的一切帮助，感谢我的夫人王艳丽女士对我几十年来收集文献史料的一贯全力支持。

　　最后，感谢人民出版社常务副社长任超先生，图典分社社长侯俊智先生、副总编辑侯春先生，美术编审肖辉女士以及人民美术出版社原社长汪家明先生，为本书出版提供的热切帮助和投入的大量辛劳。

宗绪盛

2016 年春